W. Wattenbach

Der Mönch von Sankt Gallen über die Taten Karls des Grossen

W. Wattenbach

Der Mönch von Sankt Gallen über die Taten Karls des Grossen

ISBN/EAN: 9783743301283

Hergestellt in Europa, USA, Kanada, Australien, Japan

Cover: Foto ©ninafisch / pixelio.de

Weitere Bücher finden Sie auf **www.hansebooks.com**

Geschichtschreiber der deutschen Vorzeit. 2. Gesammtausg. Bd. XXVI.

Der
Mönch von Sankt Gallen
über
die Thaten Karls des Großen.

Nach der Ausgabe der Monumenta Germaniae

übersetzt von

W. Wattenbach.

Dritte vermehrte Auflage.

Preis: 1 M. 60 Pf.

Leipzig,
Verlag der Dyk'schen Buchhandlung.
1890.

Der Mönch von St. Gallen.

(Geschichtschreiber. IX. Jahrhundert. Elfter Band.)

Die Geschichtschreiber
der
deutschen Vorzeit.

Zweite Gesammtausgabe.

Neuntes Jahrhundert. Elfter Band.
Der Mönch von St. Gallen.

Dritte Auflage.

Leipzig,
Verlag der Dyk'schen Buchhandlung.

Der Mönch von Sankt Gallen

über

die Thaten Karls des Großen.

Nach der Ausgabe der Monumenta Germaniae

übersetzt von

W. Wattenbach.

Dritte vermehrte Auflage.

Leipzig,
Verlag der Dyk'schen Buchhandlung.

Inhalt.

	Seite
Einleitung	VII
Der Mönch von Sankt Gallen.	
Erstes Buch	3
Zweites Buch	45
Anhang.	
I. Die Fortsetzung von Erchanberts Abriß der Frankengeschichte	89
II. Karls Zug ins Morgenland.	
Aus der Chronik Benedikts vom Berg Sorakte	96
III. Karl und Wibukind.	
Aus den Schriften des Petrus Damiani	101
IV. Karl und die Mailänder.	
Aus der Chronik Landulfs von Mailand	103

Einleitung.

Karls des Großen Bemühungen um die geistige Bildung seiner Völker und die Pflege der Wissenschaften fanden ihre schönste Belohnung darin, daß in den Schriften seines Freundes Einhard des großen Kaisers Bild treu und wahr der Nachwelt erhalten wurde. Daneben aber lebte es unvergessen auch in der Erinnerung des Volkes, und wurde hier, wie es die Weise mündlicher Ueberlieferung ist, mit allerlei Fabeln und Märchen verziert und geschmückt, so daß es sich immer weiter von der geschichtlichen Wahrheit entfernte. Die nächsten Generationen jedoch erzählten sich noch manche wirkliche Geschichte von ihm, die in Einhards Schriften nicht zu finden war, manches was wenigstens den Schein der Wahrheit hatte oder einen echten Kern dichterisch ausschmückte. Einen großen Schatz solcher Geschichten brachte der alte Kriegsmann Abalbert von seinen Zügen gegen die Avaren, Wenden und Sachsen mit, wohin er seinen Herrn, den tapfern Gerold, Bruder der Königin Hildegard, begleitet hatte, der als Führer der Baiern im Jahre 799 von den Avaren erschlagen und im Kloster Reichenau bestattet wurde. Abalbert nahm sich in seinen alten Tagen eines Knaben an, dem er gern von seinen Thaten und Erfahrungen erzählte; der Knabe hätte oft lieber mit seinen Gesellen gespielt und wollte nicht bleiben; allein es half ihm nichts, der Alte hielt ihn fest, und zuletzt muß es ihm doch wohl Freude gemacht haben zuzuhören, da er die Geschichten so gut behalten hat. Der Knabe wurde dann Mönch im

Kloster Sankt Gallen; in der strengen Zucht der Klosterschule hat er den Virgil und manches andere gelesen und auch Lateinisch schreiben gelernt. Sein Lehrer war Werinbert, ein Sohn jenes alten Kriegers, der nicht weniger als sein Vater von den Zeiten des großen Karl zu erzählen liebte, als Geistlicher aber besonders von dem zu sagen wußte, was Kirche und Schulen anging. Die Klosterchronik nennt ihn nicht, wir finden ihn aber neben dem stellvertretenden Abt Hartmut bei Otfrid in der Widmung seines Evangelienbuches (868). Noch lebte der alte Werinbert, als im Jahre 883 der Kaiser Karl III, den man gewöhnlich, doch ohne genügenden Grund, den Dicken zu nennen pflegt, das Kloster Sankt Gallen besuchte, und drei Dezembertage mit den Mönchen verlebte. Er hatte das Kloster sehr lieb und hat es reich beschenkt; bei seiner Anwesenheit gestattete er dem alten lebensmüden Abte Hartmut, seine Würde niederzulegen, erlaubte den Mönchen, sich einen Nachfolger in voller Freiheit aus ihrer Mitte zu wählen, und verlieh dem Bernhard, auf welchen sich alle Stimmen vereinigten, die Abtei mit ihren Gütern. Die volle Freiheit der Abtswahl aber bestätigte er dem Kloster auch für alle Folgezeit. Viel hat er sich damals mit Notker und andern hochberühmten Lehrern der blühenden Klosterschule unterhalten, aber an den Erzählungen jenes redseligen Mönches scheint er besonderes Gefallen gefunden zu haben, da er ihm befahl, dieselben niederzuschreiben. Gehorsam ging der Mönch an die Arbeit; im ersten Buche stellte er zusammen, was er aus Werinberts Munde über Kirchen und Schulen und Karls Verhalten gegen dieselben erfahren hatte. Kaum war er damit fertig, als Werinbert starb. Im zweiten Buche verzeichnete er dann die Erzählungen Adalberts von Karls Kriegszügen, und hatte für das dritte die Schilderung seines häuslichen Lebens bestimmt. Wir wissen nicht, ob er den Vorsatz ausgeführt hat; so lange wir von dem Werke Kunde haben, seit sieben Jahrhunderten, fehlt ihm das dritte Buch mit dem Ende des zweiten Buches. Von den gelehrten Geistlichen des Klosters scheint es wenig beachtet zu sein, da in ihren Schriften keine Erwähnung desselben vorkommt; auch die Stiftsbibliothek enthält weder jetzt eine Abschrift davon, noch findet sich in den alten Verzeichnissen eine erwähnt.

Wer dieser Mönch gewesen sei, ist uns nicht überliefert. Schon Melchior Goldast aber und nach ihm Basnage haben das Werk für Notker den Stammler (Balbulus) in Anspruch genommen, einen der ausgezeichnetsten Lehrer der Klosterschule und namentlich berühmten Musiker, welcher sich in einem Hymnus, gerade wie hier (S. 77) als zahnlos und stammelnd bezeichnet. Dieser herrschend gewordenen Annahme widersetzte sich jedoch Pertz in seiner Ausgabe; er stützte sich auf den Mangel jeder Erwähnung, wo von Notker und seinen Werken die Rede ist, auf den mangelhaften und von Notkers anerkannten Werken verschiedenen Stil, und auf das Altersverhältniß, weil er annahm, daß der sich selbst als zahnlos bezeichnende Verfasser ein alter Mann gewesen sein müsse, während doch Notker erst 912 gestorben ist. Allein dagegen ist nun neuerdings K. Zeumer aufgetreten[1]. In Betreff der Zahnlosigkeit bemerkt er vollkommen richtig, daß diese, wenn sie einfach die Folge des hohen Alters gewesen wäre, schwerlich in so auffallender Weise hervorgehoben sein würde; vielmehr scheine in Verbindung mit dem Stammeln ein Naturfehler vorhanden gewesen zu sein. Auf keinen Fall aber dürfe man annehmen, daß zwei oder gar drei stammelnde und zahnlose Mönche in Sankt Gallen zu gleicher Zeit als Schriftsteller thätig gewesen seien. Denn auch noch an einer dritten Stelle

---

[1] In den „Historischen Aufsätzen, dem Andenken an G. Waitz gewidmet" (Hannover 1886) S. 97—118.

findet sich dieser Ausdruck, nämlich in dem Formelbuch, welches jetzt auch aus anderen Gründen mit großer Sicherheit demselben Notker zugeschrieben wird. So wird also diesem Notker, welcher in dem Hymnus selbst seinen Namen nennt, auch das Buch über Karl den Großen zuzutheilen sein. Dieses Resultat aber erweist Zeumer ferner als nothwendig durch die auffallendste Uebereinstimmung in gewissen nicht gewöhnlichen Ausdrücken, den vielen im Superlativ angewandten Beiwörtern, den häufigen Diminutiven und anderen Umständen.

Daß nun aber doch die Schreibart sowohl in der lockeren Verknüpfung, wie selbst durch nicht wenige grammatische Fehler sich von anderen Schriften Notkers stark unterscheidet, was früher als entscheidend betrachtet wurde, das werden wir, da die anderen Gründe für die Identität in der That durchschlagend sind, auf irgend eine Weise erklären müssen. In Anschlag zu bringen ist, daß diese Schrift, als nicht für die feingebildeten geistlichen Kollegen bestimmt, überhaupt nicht als gelehrtes Litteraturwerk gedacht, ein mehr lockeres Gefüge haben, selbst im grammatischen Ausdruck weniger sorgfältig sein durfte. Dazu mag dann vielleicht kommen, daß die letzte Hand fehlt. Wohl noch während Notker damit beschäftigt war, trat die rasche Abnahme der leiblichen und geistigen Kräfte Karls III ein, welche zu wachsender Unzufriedenheit, endlich zur Absetzung des Kaisers führte. So mancher rühmende Ausdruck, manche geäußerte Hoffnung paßte nun so wenig mehr, daß es wohl erlaubt sein wird zu vermuthen, er habe in tiefer Niedergeschlagenheit sein begonnenes Werk unvollendet gelassen. Ungebunden blieb es dann liegen, das erste Blatt mit der Vorrede ging verloren und mehr oder weniger am Schluß.

Die geschichtlichen Verstöße fallen wenig ins Gewicht, da wir dergleichen überall finden; die erstaunliche Leichtgläubigkeit aber, auch den abgeschmacktesten Fabeln gegenüber werden wir der, bei manchen Vorzügen doch immerhin auch etwas dumpfen Atmosphäre im Kloster zuschreiben dürfen.

In Folge genauer Beachtung sowohl des Sprachgebrauchs als auch der politischen Gesinnung ist nun auch noch ein anderes Werk für Notker in Anspruch genommen worden, nämlich die Fortsetzung des Abrisses der Frankengeschichte von Erchanbert, und diese dient dann ihrerseits wieder zur Stütze für die obige Annahme, da sich darin auch an Notkers Formelbuch auffallende Anklänge finden. Erchanbert, ein Name übrigens, welcher auf einer sehr schwach begründeten Vermuthung beruht, und nur beibehalten wird, weil er einmal eingebürgert ist, verfaßte, wie mir scheint im Jahre 817, einen Auszug aus dem Buch von den Thaten der Frankenkönige, und führte die Regentenreihe fort bis auf diese Zeit. Bemerkenswerth ist darin nur eine, historisch unrichtige, Erzählung von der Uebertragung der Königswürde auf Pippin, weil sie uns zeigt, wie hoch schon damals die Vorstellung von der maaßgebenden Gewalt des Papstes, seiner freien Verfügung über die Frankenkrone, gewachsen war, eine Vorstellung, welcher sich Notkers Auffassung des Vorganges bei der Kaiserkrönung (S. 34. 35) durchaus anschließt. Ich habe sie deshalb unten (S. 89) mitgetheilt, nebst der im J. 881 hinzugefügten Fortsetzung[1]. Von dieser nun hat zuerst B. Simson[2] bemerkt, daß sie in Stil und Auffassung auffallend mit dem sog. Mönch von Sankt Gallen übereinstimme und wohl von ihm herrühren möge, und Zeumer[3], ihm beistimmend, weitere Anklänge hervorgehoben. Dann hat Simson seine Ansicht weiter begründet in der Zeitschrift für Geschichte des Oberrheins, N. F. II, S. 59—68. Sprachlich ist besonders auffallend die

---

[1] Herausgegeben von Pertz Mon. Germ. SS. II, 327. Die Fortsetzung ist in Stuttgart, Cod. Jur. qu. 134 (nicht 184).
[2] Jahrbücher Karls d. Gr. II, 614. — [3] a. a. O. S. 113.

an beiden Orten vorkommende Bezeichnung des Patriarchen von Aquileja als Furiolaner, was sich sonst nicht findet; es fehlt aber auch sonst nicht an Uebereinstimmung. Sachlich finden wir auch hier eine lebhafte Begeisterung für Karl III, und um diese richtig zu würdigen, muß man sich erinnern, daß damals, nachdem eben Karl die Kaiserkrone sich geholt hatte, es noch nicht unberechtigt war, große Erwartungen an ihn zu knüpfen; ja, daß selbst noch 885, als doch schon die schimpfliche Abkaufung der Normannen bei Elsloo stattgefunden hatte, doch die Westfranken durch die Wahl Karls zum Könige Sicherung gegen diese Feinde zu erlangen hofften. Da ist es dem schwäbischen Landsmanne des Kaisers auch nicht übel zu nehmen, wenn er seine Hoffnung noch nicht sinken läßt.

Auch hier aber, wie in dem andern Werke, finden wir die Hoffnung auf die Geburt eines rechten Erben ausgesprochen; in diesem freilich schon mit geringerer Zuversicht, da hier auch der Bastard Bernhard ins Auge gefaßt wird. Besonders characteristisch aber ist, daß, da doch die geäußerte Hoffnung dem Verfasser selbst wenig zuverlässig erscheinen mochte, in beiden Schriften auch für Karlmanns Bastard Arnulf ein gutes Wort eingelegt wird: man empfindet schon, wie diesem sich das Herz des Volkes zuwendet.

Nach der weiteren Ausführung Simsons, welche ich hier nicht wiederhole, halte ich die Identität des Verfassers für unzweifelhaft, und habe deshalb dieses bei aller Kürze nicht unwichtige Stück als erste Beilage aufgenommen.

Das entweder unvollendet gebliebene oder verstümmelte Buch über Karl den Großen hat später doch Freunde gefunden, und es sind uns Abschriften erhalten, welche jedoch nicht über das zwölfte Jahrhundert hinaufreichen; gerne verband man es mit Karls des Großen Leben von Einhard, und den Annalen. Zwei Handschriften jedoch, eine aus dem Kloster

Wiblingen, jetzt in Sankt Florian, und eine aus Zwifalten, jetzt in Stuttgart, haben viele Aenderungen und einige Zusätze, welche ich in der Uebersetzung in Anmerkungen berücksichtigt habe. Jaffé hat in seiner Ausgabe (Bibliotheca Rerum Germanicarum IV) diese Zusätze in den Text aufgenommen, und auch Zeumer ist für ihre Ursprünglichkeit eingetreten. Möglich, daß die Stelle über die Eigenthümlichkeit der Uebertragung griechischer Gesänge in lateinische Sprache (S. 53) von Notker selbst herrührt, vielleicht an den Rand geschrieben war, doch gab es genug sangeskundige Mönche in Sankt Gallen, welche darüber unterrichtet sein konnten, und der erste Zusatz über von Karl dem Großen geschenkte Besitzungen (S. 15) steht in zu auffallendem Gegensatze zu der Aeußerung Notkers (S. 62), daß dem Kloster nur von Privatpersonen Schenkungen zugekommen seien, als daß wir eine spätere Zeit verkennen könnten. Auch braucht man nur die Varianten bei Jaffé anzusehen, um sich zu überzeugen, daß diese Handschriften nicht nur fehlerhaft und voll von Auslassungen sind, sondern auch eine überarbeitende Hand leicht erkennen lassen.

Ist nun das Buch als Geschichtsquelle über Karl den Großen kaum zu brauchen, so erhalten wir doch über die näher liegende Zeit Ludwigs des Deutschen nicht unwichtige Mittheilungen, und auch abgesehen davon ist der Werth des Büchleins für uns kein geringer. Denn wir sehen darin wie in einem Spiegel die Begriffe und Anschauungsweise der Zeit, ihre handelnden Personen treten in kunstloser Darstellung vor uns hin, und für die Kenntniß der Gebräuche und Sitten ist vieles daraus zu entnehmen.

Vor allem lernen wir dadurch die Vorstellung kennen, welche damals in der Ueberlieferung des Volks vom großen Karl lebte. Im Ganzen ist sein Charakter noch sehr richtig aufgefaßt; fromm, tapfer und weise, beobachtet er auch das

Geringste mit scharfem Blicke; stets besonnen und mäßig, beschämt er anmaßende Hoffart mit leichtem Scherz oder ernstem Verweis; er weiß mit Nachdruck zu strafen, wo es nothwendig ist, erscheint aber immer mehr geneigt, Nachsicht zu üben und zu verzeihen, während das bescheidene Verdienst seiner Aufmerksamkeit nicht entgeht und reiche Belohnung findet. Einzelne Züge sind schon ganz märchenhaft, so die Beschreibung der Pfalz zu Aachen, aus welcher Karl alles erblicken konnte, was im Umkreis derselben vorging. Auch der Kriegszug gegen Desiderius ist schon sagenhaft geworden, und die Beschreibung des Heeres wurde deshalb mit Recht von den Brüdern Grimm in die „Deutschen Sagen" aufgenommen. Die weitere Entwickelung der Sagen, welche sich an diesen Zug knüpften, stellt sich in den Beilagen zur Uebersetzung des Paulus Diakonus von Abel dar.

Von einem Kreuzzuge Karls findet sich bei unserm Mönche noch keine Spur, doch tritt zu dem, was durch Einhard über sein Verhältniß zum Orient bekannt ist, hier die Erwähnung hinzu, daß Karl sich nach einem Zuge ins Morgenland gesehnt, und bedauert habe, daß das Meer, welches dazwischen liege, ihn daran hindere. Die folgende Zeit führte dies weiter aus: leicht weiß sie das Hinderniß zu beseitigen und schlägt kühnlich eine Brücke über's Meer. Das findet sich um das Jahr 970 in der Chronik des Benedikt von St. Andreas und ich habe die Erzählung im Anhange mitgetheilt. Zur Zeit der Kreuzzüge wurde die Vorstellung, daß Karl auch zu diesen heiligen Kriegen das Vorbild gegeben habe, und man nach dem Morgenlande auf „Karls Straße" fahre, allgemein. Man erzählte sich, der Kaiser sei von den Todten auferstanden, um selbst sein Volk hinüberzuführen; als dieser Wahn schwinden mußte, wurde Herzog Gotfrids Persönlichkeit nach Karls Vorbild ausgeschmückt und sein Geschlecht von dem großen Kaiser abgeleitet

Noch reicher umwucherte die Sage Karls Zug nach Spanien; vielleicht würden wir auch bei unserm Mönche schon Spuren davon finden, wenn nicht mit dem Schlusse des zweiten Buches auch jede Erwähnung hiervon verloren wäre. Pertz hat aber im Haag ein Bruchstück aus dem zehnten Jahrhundert entdeckt[1], worin dieser Krieg schon ganz märchenhaft ausgeschmückt erscheint. Eingemischte Verse führen auf die Vermuthung, daß der Verfasser wohl ein älteres Gedicht über den Gegenstand vor sich haben mochte. Seine Prosa ist so dunkel und verworren, die Darstellung so geschmacklos und schwülstig, daß eine Uebersetzung wohl geradezu unmöglich ist, da sich oft durchaus nicht mit Sicherheit errathen läßt, was der Verfasser eigentlich sagen wollte. Er erzählte von der Belagerung einer Stadt durch Kaiser Karl (wahrscheinlich Pampelona's), in welcher mehrere Könige sich befinden. Vergeblich werden die Mauern bestürmt, dann unternehmen die Belagerten einen Ausfall. Den Erfolg desselben lehrt uns die Erzählung nicht, da sie mitten im heftigsten Kampfe plötzlich abbricht. Ernald, Bernhard der Junge, Bertrand, der alte Borel und der junge Wibelin werden unter den Helden genannt.

Diese Erzählung giebt die einzige dürftige Kunde von der Thätigkeit der Sage während dreier Jahrhunderte, bis Turpins angebliches Werk gläubige Hörer fand und zur Grundlage der späteren Dichtung wurde.

Daß auch die sächsischen Kriege die Sage vielfach beschäftigten, bezeugt außer den Fabeln, welche sich bei späteren Schriftstellern finden, und einer Stelle im Leben der Königin Mathilde, das im Anhange mitgetheilte Bruchstück.

Der folgende Auszug aus Landulfs von Mailand Chronik zeigt uns eine dort ausgebildete Vorstellung von Karl dem Großen

---

[1] Gedruckt Monumenta Germaniae, Scriptorum Vol. III p. 708. Vgl. dazu C. Hofmann in den Sitzungsberichten der Münchener Akademie 1871, S. 328—342.

als Verfolger jeder von der römischen Form abweichenden Art des Kirchendienstes, wofür sich in der wirklichen Geschichte kein Anhalt findet. Es scheint darin eine noch fortwirkende Abneigung gegen ihn als Eroberer des Landes nachzuklingen.

Bei unserm Mönche ist besonders von den wendischen und avarischen Kriegen die Rede. Außer dem, was Karl selbst betrifft, finden wir aber noch manches von Pippin und den beiden Ludwigen erzählt, vieles von Geistlichen der Zeit, von Karls Umgebung, seinen Werkmeistern, überhaupt eine Fülle von kleinen Zügen, die uns so recht mitten in das Leben und Treiben der Zeit versetzen. Wenn manches dem heutigen Leser abgeschmackt erscheint, so trägt doch der Erzähler nicht allein die Schuld: es ist die Leichtgläubigkeit der Zeit, es ist das Widerstreben der trägen und rohen Masse gegen die Bildung, welche ihr zugetragen wird. Hätte es nicht Menschen, nicht Bischöfe der Art gegeben, wie der Erzähler sie schildert, so hätte man ihm nicht mit Vergnügen zugehört, hätte der Kaiser ihn nicht aufgefordert das Buch zu schreiben. Karls gewaltigen Geist aber lernt man erst recht schätzen, wenn man den ungefügen Stoff näher betrachtet, aus welchem er sein großartiges Reich errichtete.

Der Mönch von Sankt Gallen.

Erstes Buch.

1. Da der allmächtige Beherrscher aller Dinge und Ordner der Königreiche und der Zeiten jener wunderbaren Bildsäule [1] eiserne und thönerne Füße in den Römern zermalmt hatte, richtete er einer neuen, nicht weniger wunderbaren Bildsäule goldenes Haupt durch den erlauchten Karl auf in den Franken. Als dieser nun in den westlichen Ländern der Erde allein zu herrschen angefangen hatte, die Wissenschaften aber in seinem ganzen Reiche fast in Vergessenheit gerathen waren, deshalb auch der Dienst des wahren Gottes erkaltete, da begab es sich, daß zwei Schotten aus Hibernien [2] mit britannischen Handelsleuten an das Ufer von Gallien gelangten, Männer, die des weltlichen Wissens wie der heiligen Schriften ganz unvergleichlich kundig waren. Sie boten aber keine käuflichen Waaren zur Schau, sondern wenn die Menge kauflustig herbeikam, so war alle Tage ihr Ruf: „So jemand Begehren hat nach Weisheit, der komme zu uns und empfange sie; denn die ist bei uns zu kaufen." Daß sie dieselbe aber für Geld feil hätten, das sagten sie deshalb, weil sie sahen, daß das Volk nicht um das, was umsonst geboten wurde, sondern um die theuren Waaren handelte, damit sie die Leute auf solche Weise entweder

---

Die an Kaiser Karl III gerichtete Vorrede ist verloren.
1) S. Daniel 2, 31 ff.
2) Die Bewohner von Irland hießen damals Schotten, und von ihnen hat erst Schottland den Namen erhalten.

anreizten, die Weisheit wie die übrigen Dinge einzuhandeln, oder, wie das Folgende zeigt, durch solchen Ausruf sie zur Verwunderung und zum Erstaunen brächten. Kurz sie riefen das so lange aus, bis es durch diejenigen, welche sich darüber verwunderten oder auch sie für verrückt hielten, zu den Ohren des Königs Karl gelangte, der beständig große Liebe und heftiges Verlangen nach der Weisheit empfand. Er nun ließ sie eiligst vor sich fordern, und fragte, ob sie denn in Wahrheit, wie er durch das Gerede vernommen, die Weisheit bei sich führten. Sie erwiederten: „Freilich haben wir sie, und sind bereit sie denen zu geben, welche im Namen des Herrn würdig danach verlangen." Und da er weiter fragte, was sie als Preis dafür verlangten, antworteten sie: „Wir verlangen gar keinen Preis, sondern wir bitten nur um passende Orte und empfängliche Seelen, o König, und was man auf dieser Pilgerfahrt nicht entbehren kann, Nahrung und Kleidung." Da er das vernommen, freute er sich ausnehmend, und anfangs zwar behielt er beide eine Zeitlang bei sich, nachher aber, da er zu Kriegszügen genöthigt wurde, hieß er den einen, Namens Clemens, in Gallien sich niederlassen und empfahl eine große Zahl mehr oder weniger vornehmer, und auch geringer Knaben seiner Obhut; verordnete auch, daß ihnen, was sie zum Unterhalt brauchten, gereicht werde, und wies ihnen geeignete Wohnungen zum Obdach an. Den anderen aber[1] schickte er nach Italien und wies ihm das Kloster des heiligen Augustinus bei der Stadt Ticinum[2] an, damit sich dort alle, welche dazu geneigt wären, zum Lernen um ihn versammeln könnten.

2. Da solches nun Albinus[3], vom Volke der Angeln, ver-

---

[1]) Der Name fehlt in den Handschriften; vielleicht ist Dungal gemeint, welcher nach dem Kapitular von 825 damals der Hauptschule zu Pavia vorstand.

[2]) Pavia.

[3]) Gewöhnlich Alkuin genannt; er wurde aber schon 781 von Karl aufgefordert, ins Frankenreich zu kommen.

nahm, wie freudig der fromme König Karl weise Männer bei sich aufnehme, stieg auch er zu Schiff und kam zu ihm. Dieser war in dem ganzen Umfange der heiligen Schriften bewandert über alle anderen Meister der neuen Zeit; als Schüler nämlich des hochgelehrten Priesters Beda, welcher nach dem heiligen Gregor am besten die Schrift ausgelegt hat. Ihn nahm der König Karl gütig bei sich auf und behielt ihn ununterbrochen bei sich bis an sein Lebensende, ausgenommen nur wenn er mit dem Heer nach seiner Gewohnheit in den Krieg zog, und wollte sogar, daß man ihn seinen Schüler, jenen seinen Meister nenne. Auch gab er ihm die Abtei des heiligen Martin bei der turonischen Stadt[1], damit er in der Abwesenheit des Königs dort in Ruhe sich aufhalten und die herbeiströmenden Schüler unterrichten könne. Und so reiche Frucht trug seine Lehre in seinen Schülern, daß die heutigen Gallier oder Franken den alten Römern und Athenern gleich kamen.

3. Als der siegreiche Karl nun nach langer Abwesenheit nach Gallien heimkehrte, ließ er die Knaben vor sich kommen, welche er dem Clemens anvertraut hatte, und hieß sie ihre Briefe und Gedichte vorzeigen. Da brachten ihm die Knaben von geringerer und die von niedriger Herkunft die ihrigen über alle Erwartung mit jeglicher Würze der Weisheit gesüßet, die vornehmen aber wiesen ganz leere und unnütze Waare vor. Karl also, der sehr weise König, that nach dem Vorbilde des ewigen Richters; er sonderte die guten Arbeiter aus, stellte sie zu seiner Rechten, und redete sie solcher Gestalt an: „Habt vielen Dank, meine Söhne, daß ihr meinen Befehl zu euerm Frommen nach Kräften auszuführen bemüht gewesen seid. Jetzt also bestrebt euch die Vollendung zu erreichen, dann werde ich euch gar herrliche Bisthümer und Klöster geben, und ihr wer-

---

[1] Tours, 796, und von da an bis an seinen Tod am 19. Mai 804 verweilte er nicht mehr am Hofe.

bet immer hochgeehrt in meinen Augen sein." Darauf wandte
er sein Angesicht mit großer Strenge zu den links stehenden,
erschütterte ihr Gewissen mit flammendem Blick, und stieß mit
furchtbarem Hohn, mehr donnernd als redend, diese Worte
gegen sie aus: „Ihr hochgeborenen, ihr Fürstensöhne, ihr zier=
liche und hübsche Leutchen, die ihr traut auf eure Abkunft und
euern Reichthum, meinen Befehl und euern Ruhm hintansetzend,
habt ihr die Wissenschaften vernachläßigt, und im Wohlleben
mit Spiel, Nichtsthun und leerem Treiben die Zeit verbracht."
Und nach diesem Eingang hob er sein erhabenes Haupt und
die nie besiegte Rechte zum Himmel und rief, gleich einem
Wetterstrahl, seinen gewohnten Schwur: „Beim Herrn des
Himmels! Ich gebe nicht viel auf euern Adel und euer hüb=
sches Aussehen, wenn auch andere euch deshalb anstaunen mö=
gen; und dessen seid versichert: wenn ihr nicht eiligst euere
frühere Nachläßigkeit durch sorgsame Anstrengung wieder gut
macht, so habt ihr vom Karl nie etwas gutes zu erwarten."

4. Von jenen armen also nahm er einen trefflichen Dichter[1]
und Schreiber in seine Kapelle auf. So pflegten nämlich die
Könige der Franken ihr Heiligthum zu nennen, wegen der
Kappe[2] des heiligen Martin, die sie zu ihrem Schutze und
zur Besiegung der Feinde stets mit in den Krieg nahmen. Als
nun einmal dem König Karl der Tod eines Bischofs gemeldet
wurde, und er, wie er immer für alles Sorge trug, fragte,
ob jener denn von seinem Vermögen oder seinen Werken etwas
vorauf geschickt habe, der Gesandte aber erwiederte: „Herr,
nicht mehr als zwei Pfund Silbers"[3]; — da seufzte jener

---

[1] Dieses Wort (lateinisch dictator) ist im älteren Sprachgebrauch durchaus nicht auf poetische Schöpfungen beschränkt, sondern bezeichnet den Schriftsteller über= haupt, namentlich aber den Verfasser von Briefen und Staatsschriften.

[2] D. i. Priestergewand, französisch chape.

[3] Nämlich als Almosen für sein Seelenheil, was in anderen Handschriften ausdrücklich gesagt ist.

Jüngling, und unfähig, die Erregung seines Geistes in der Brust zu verschließen, brach er wider seinen Willen, so daß der König es hörte, in die Worte aus: „Ein dürftiges Reisegeld für den langen und weiten Weg!" Karl, der immer alles reiflich überlegte, dachte ein wenig nach, dann sprach er: „Und glaubst du, wenn du sein Bisthum erhalten würdest, daß du Sorge tragen wirst mehr für die lange Reise zu verwenden?" Jener verschlang sogleich die kaum ausgesprochenen Worte wie frühreife Trauben, die in den Mund des Hungernden fallen, fiel ihm zu Füßen, und sprach: „Herr, das liegt in Gottes Macht und eurer Gewalt." Und der König sagte: „Stelle dich hinter den Vorhang, der hinter meinem Rücken hängt, und höre zu wie viele dir zu dieser Ehre helfen werden." Die Höflinge also, die immer auf das Unglück oder doch den Tod anderer lauern, hatten kaum den Tod des Bischofs vernommen, als sie, keine Verzögerung ertragend, und einer den andern beneidend, durch die Vertrauten des Kaisers jeder für sich die Würde des Verstorbenen zu erlangen trachteten. Er aber blieb unberrückt bei seinem Vorsatz, und schlug es allen ab, denn er sagte, er wolle jenem Jüngling sein Wort nicht brechen. Endlich sandte auch die Königin Hildigarda Fürsten des Reiches zum Könige, und kam dann zuletzt selbst zu ihm, um jenes Bisthum für einen ihrer Schreiber[1] zu erlangen. Da er nun ihre Bitte sehr freundlich aufnahm, und sagte, er wolle und könne ihr nichts abschlagen, aber jenem Schreiberlein wolle er sein Wort halten, da wurde sie zornig, wie es ja aller Frauen Art ist, daß sie wollen, ihre Absicht und ihr Wunsch solle den Beschlüssen der Männer vorgehen; sie verbarg aber ihren Zorn, die laute Stimme wurde weiner-

---

[1] Kleriker, wofür wir keine recht treffende Uebersetzung haben, da das früher gebrauchte „Pfaff" eine schlechte Nebenbedeutung bekommen hat. „Schreiber" ist im späteren Mittelalter häufig die Uebersetzung von clericus. Der concurrirende clericulus ist oben als scriptor bezeichnet.

lich, durch zärtliche Gebärden suchte sie den festen Sinn des
Kaisers zu erweichen, und sprach: „Mein Herr und König,
wozu willst du jenem Knaben das Bisthum geben, daß er es
verderbe? Aber ich bitte dich, mein süßester Herr, du mein
Ruhm und meine Zuflucht, gieb es deinem treuen Diener, mei=
nem Schreiber." Da umfaßte jener Jüngling, dem der König
befohlen hatte, sich hinter den Vorhang zu stellen, damit er
hörte wie jeder ihn bitten werde, den König mit sammt dem
Vorhang, und brach in diese Klagen aus: „Mein Herr und
König, halte fest an deiner Standhaftigkeit, daß niemand aus
deinen Händen die Gewalt entwinde, die Gott dir gegeben."
Da rief ihn hervor der starke und wahrhaftige Mann, und
sprach zu ihm: „Nimm jenes Bisthum, und sorge wohl da=
für, daß du größere Ausgaben und ein besseres Reisegeld vor
mir und vor dir her sendest für jene lange und unwiderruf=
liche Reise."

5. Im Gefolge des Königes war ein armer und von allen
gering geschätzter Geistlicher, der von Wissenschaften nicht viel
gelernt hatte. Der fromme Karl aber hatte Mitleiden mit sei=
ner Armuth, und obgleich jener allen verhaßt war und sie sich
Mühe gaben ihn zu verdrängen, war der König doch nie dazu
zu bringen, ihn zu verstoßen oder aus seinem Gefolge zu ent=
fernen. Es begab sich aber, daß dem Kaiser am Vorabend
vor Martini der Tod eines Bischofs gemeldet wurde. Er rief
einen seiner Kapläne zu sich, dem es weder an hoher Abkunft
noch Gelehrsamkeit gebrach, und gab ihm das Bisthum. Der
war außer sich vor Freude, lud eine Menge Hofleute nach sei=
ner Wohnung ein, nahm auch viele die aus jenem Bisthum
zu ihm kamen, mit großer Herrlichkeit auf, und ließ für alle
ein höchst prachtvolles Mahl zurichten. Also von Speisen über=
sättigt, voll Weines und ganz betrunken, unterließ er es in
dieser so heiligen Nacht zu den heiligen Vigilien zu kommen.

Damals war es aber Sitte, daß der Kapellmeister am Tage vorher jedem anwies, welches Responsorium er in der Nacht zu singen habe. Jenem, der das Bisthum schon fast in der Hand hielt, war das Responsorium: „Herr wenn ich für dein Volk"[1] zugewiesen. Da er also fehlte, und nach der Lection alles lange Zeit still schwieg, einer aber den andern antrieb das Responsorium anzustimmen, und jeder sagte er habe sein eigenes zu singen, da sprach endlich der Kaiser: „So singe doch endlich jemand von euch." Hierauf stimmte jener verachtete an, vom göttlichen Geiste ermuthigt, und durch solche Aufforderung gekräftigt. Der milde König, der nicht glaubte, daß er das Ganze singen könne, gab gleich Befehl ihn zu unterstützen. Da nun die übrigen sofort sangen, und jener arme von niemanden den Vers erfahren konnte, fing er nach dem Responsorium das Gebet des Herrn gar schön zu singen an. Alle wollte ihn als fehlgehend daran hindern, aber der weise Karl wollte sehen, wie er es zu Ende brächte und gebot, ihn nicht dabei zu stören. Er aber schloß den Vers mit den Worten „Dein Reich komme", und alle übrigen mußten, gern oder ungern, erwiedern: „Dein Wille geschehe". Als die Morgenandacht beendigt war, und der König in seine Pfalz[2] und seine Schlafkammer ging, um sich zu wärmen und dem hohen Feste zu Ehren sich zu schmücken, da ließ er jenen alten Diener aber neuen Sänger zu sich rufen und fragte: „Wer hieß dich jenes Responsorium singen?" Erschrocken antwortete er: „Herr, ihr habt ja befohlen, es singe jemand". Und der König — denn so pflegten die Alten den Kaiser zu nennen — sagte: „Es ist gut" und fügte hinzu: „Wer hat dir jenen Vers gezeigt?"

---

[1] Vollständig: „Herr wenn ich für dein Volk noch nothwendig bin, so will ich gern die Mühen für dasselbe auf mich nehmen. Dein Wille geschehe." Denselben Schluß haben die beiden folgenden Verse. Die Lectionen enthalten Stellen aus dem Leben des heiligen Martin.

[2] Pfalzen (palatia) wurden die Schlösser und der Hof des Königs genannt.

Da brachte nun jener die Worte, womit damals die Geringeren die Höhergestellten zu ehren und zu begütigen, auch wohl ihnen zu schmeicheln pflegten, wie man glaubt durch göttlichen Beistand ermuthigt, solcher Gestalt hervor: „Freudenreicher Herr, segensvoller König [1], als ich von keinem den andern Vers erfragen konnte, dachte ich in meinem Sinn, wenn ich einen unpassenden träfe, würde ich bei eurer Herrlichkeit Anstoß erregen. Darum entschloß ich mich den zu singen, dessen Ausgang der Gewohnheit gemäß mit den vorletzten Worten des Responsoriums übereinstimmt." Da lächelte der milde Kaiser, und sprach zu ihm vor seinen Fürsten: „Jener hochmüthige, der weder Gott noch den bevorzugten Freund des Herrn gefürchtet noch in Ehren gehalten hat, daß er auch nur eine Nacht seine Lüste gezügelt hätte, um zu kommen und das Responsorium, welches er, wie ich höre, zu singen hatte, auch nur anzustimmen, der soll nach göttlichem und nach meinem Gerichte des Bisthums verlustig sein, und du, dem Gott es schenkt und ich es gewähre, sorge dafür, daß du es nach kanonischer und apostolischer Richtschnur verwaltest."

6. Auch beim Absterben eines anderen Bischofs setzte der Kaiser einen jungen Mann an seine Stelle. Als dieser nun freudig hinausschritt um abzureisen, und seine Diener ihm, der bischöflichen Würde angemessen, sein Pferd an die Stufen der Treppe führten, wurde er unwillig, daß sie ihn wie einen gebrechlichen Mann behandelten, und schwang sich von ebener Erde so kräftig aufs Pferd, daß er kaum sich auf demselben halten konnte, und fast auf der andern Seite wieder hinabgestürzt wäre. Das sah der König durch die Schranken seines Hauses, ließ ihn schnell zu sich rufen, und sprach: „Guter

---

[1] Im Text Laete vir domine, laetifice rex, vergl. Grimms Wörterbuch IV, 221. Ich hatte früher gesagt, daß es Ausdrücke der Acclamationen an den Kaiser bei den Römern waren, was aber ein Irrthum war.

Mann, du bist schnell und behende, rasch und leichtfüßig, und wie du selbst weißt, wird die Ruhe unseres Reiches von allen Seiten durch vielen Kriegslärm gestört. Darum brauche ich gerade solchen Geistlichen in meinem Gefolge. Bleib daher noch einstweilen als Gefährte unserer Mühen, so lange du noch so rasch dein Pferd besteigen kannst."

7. Was ich noch bei der Anordnung der Lectionen vergaß zu sagen, als ich von dem Responsorium erzählte, das kann ich hier kurz nachtragen. Niemand sagte in der Kirche des hochgelehrten Karl jemandem, was er zu lesen habe, niemand bezeichnete den Schluß mit Wachs, oder drückte auch nur mit dem Nagel ein kleines Zeichen ein, sondern alle trugen Sorge, sich mit dem, was zu lesen war, so bekannt zu machen, daß auch wenn sie unvermuthet aufgefordert wurden zu lesen, alle untadelhaft erfunden wurden. Mit dem Finger aber oder mit seinem Stabe, oder auch durch einen, den er von seiner Seite an die ferner sitzenden absandte, bezeichnete der König den, welcher lesen sollte, das Ende aber gab er mit einem Kehllaut an. Auf diesen achteten alle mit so ängstlicher Spannung, daß niemand, wenn der König sein Zeichen gab, mochte es nun am Ende des Satzes oder mitten darin sein, weiter oben oder unten anzufangen wagte, so unpassend ihm auch Anfang oder Ende erscheinen mochte. Und so kam es, daß in seinem Palaste alle vortrefflich zu lesen wußten, selbst die den Inhalt nicht verstanden. Kein fremder, keiner, der ihm bekannt war, aber nicht zu lesen und zu singen verstand, wagte es sich zu seiner Geistlichkeit zu stellen.

8. Einmal kam der Kaiser auf einer Reise zu einer großen Kirche, und ein wandernder Priester, der Karls Zucht nicht kannte, trat ungerufen in den Chor ein; er hatte aber niemals etwas von dergleichen gelernt, und blieb stumm und dumm mitten unter den Sängern stehen. Der Vorsinger erhob seinen

Stab und drohte ihm mit einem Schlage, wenn er nicht singen wolle. Da wußte er nicht was er thun sollte, noch wohin sich wenden, denn hinauszugehen wagte er nicht, drehte also den Hals im Kreise umher und machte den Mund weit auf, um so gut er konnte die Art der Singenden nachzuahmen. Niemand vermochte das Lachen zu unterdrücken, der tapfere Kaiser aber, den auch größere Dinge nie aus seiner ruhigen Fassung brachten, that als ob er seine gezwungenen Gebärden nicht bemerkte, und erwartete in aller Ordnung das Ende der Messe. Darauf rief er den armen zu sich, denn ihn dauerten seine Anstrengungen und seine Angst, und tröstete ihn mit den Worten: „Hab vielen Dank, guter Mann, für deinen Gesang und deine Mühe;" und um ihn in seiner Armuth zu unterstützen, befahl er ihm ein Pfund Silbers zu geben.

Damit[1] es aber nicht scheine, als vergesse oder versäume ich, vom Albinus zu reden: dessen sorgfältige Bemühung oder sein Verdienst habe ich darin recht erkannt, daß von seinen Schülern niemand zurückblieb, der nicht ein Abt von sehr heiligem Wandel oder ein berühmter Bischof geworden wäre. Bei ihm in Gallien hat auch mein Herr Grimald[2] zuerst seinen Unterricht in den Wissenschaften empfangen, später aber in Italien. Doch damit mich nicht jemand, der davon weiß, Lügen strafe, weil ich niemanden ausgenommen habe: zwei Müllersöhne waren in seiner Schule von Leuten des heiligen Kolumban[3]; diese ziemte es sich nicht zur Verwaltung von Bisthümern oder Abteien zu erheben, aber sie haben doch durch das Verdienst ihres Meisters wie man glaubt, die Propstei im Kloster Bobium einer nach dem andern sehr tüchtig verwaltet.

---

[1] Hier fängt bei Jaffé das 9. Kapitel an.
[2] Abt von St. Gallen, von 841—872.
[3] D. h. Hörigen des Klosters Bobbio.

9. Der glorreiche Karl also sah in seinem ganzen Reiche die Wissenschaften in Blüthe, aber es schmerzte ihn doch, daß er nicht zu der Höhe der alten Kirchenväter gelangen konnte, und nachdem er sich fast übermenschliche Mühe gegeben hatte, rief er voll Ueberdrusses aus: „O daß ich doch zwölf Geistliche hätte, von solchem Wissen und so vollkommen in aller Weisheit unterwiesen, wie Hieronymus und Augustin gewesen sind!" Den hochgelehrten Albinus aber, der sich doch im Vergleich mit jenen mit Recht für sehr unwissend erachtete, ergriff darüber ein lebhafter Unwille, den er jedoch nur ein klein wenig blicken ließ, und er antwortete, kühner als irgend ein anderer Sterblicher vor dem schrecklichen Karl gewagt haben würde zu sprechen: „Der Schöpfer des Himmels und der Erde hatte nicht mehr von ihrer Art, und du willst zwölfe haben?"

10. Hier scheint es mir passend etwas zu erzählen, was freilich unsern Zeitgenossen schwer werden wird zu glauben, da ich selbst, der ich es schreibe, wegen der großen Abweichungen unseres Kirchengesanges vom Römischen es noch kaum glauben kann; nur muß man doch der Wahrhaftigkeit unserer Väter mehr trauen, als der Lügenhaftigkeit heutiger Nichtsnutzigkeit. Karl also, unermüdlich im Eifer für den Dienst Gottes, freute sich da er sah, daß er in der wissenschaftlichen Erkenntniß sein Ziel so weit es möglich war, erreicht hatte, aber daß noch alle Provinzen, ja alle Gaue und Städte im Lobe Gottes, nämlich in den Melodien des Kirchengesanges, von einander abwichen, das schmerzte ihn, und er bemühte sich vom Papste Stephan seliger Gedächtniß, der einst den ganz untüchtigen Frankenkönig Hilberich hatte absetzen und kahl scheren lassen, ihn selbst aber nach altem Herkommen zur Regierung des Reiches gesalbt hatte[1], einige im Kirchengesange wohlerfahrene Geistliche zu

---

[1] Mit seinem Vater Pippin. Aber Stephan II starb schon 757, während Karl erst 768 König wurde.

erlangen. Der Papst billigte sein Begehren und den von Gott ihm eingegebenen Eifer, und schickte nach der Zahl der zwölf Apostel, zwölf des Singens sehr kundige Geistliche vom apostolischen Stuhl an ihn nach Francien. Wenn ich aber bisweilen Francien sage, so meine ich damit alle Länder dies= seits der Alpen, denn so wie geschrieben steht:[1] „Zu der Zeit werden zehn Männer aus allerlei Sprachen der Heiden einen jüdischen Mann bei dem Zipfel ergreifen", so dünkten sich in jener Zeit wegen der Herrlichkeit des glorreichen Karl Gallier und Aquitanier, Aeduer und Hispanier, Alamannen und Ba= joaren nicht wenig geehrt, wenn man sie auch nur als dienst= pflichtige Franken bezeichnete. Als nun jene Geistlichen Rom verließen, so rathschlagten sie, wie denn immer Griechen und Römer von Mißgunst wegen des Ruhmes der Franken geplagt wurden, unter einander, wie sie den Gesang so verschieden lehren könnten, daß Einheit und Harmonie darin in dem frem= den Reiche und Lande niemals sich verbreiten möge. Bei ihrer Ankunft wurden sie nun von Karl sehr ehrenvoll empfangen, und nach den bedeutendsten Orten vertheilt; sie aber bemühten sich jeder an seinem Orte so verschieden und so verdorben wie sie sich es nur ausdenken konnten zu singen und so auch ihre Schüler zu unterweisen. Der kluge König Karl aber feierte einmal die Geburt und Erscheinung des Herrn in Trier oder Metz und achtete da sehr aufmerksam und mit großem Verstande auf die Art der Lieder, so daß er sie ganz durchdrang; im nächsten Jahre feierte er dieselben Feste in Paris oder Tours; und da er nun nichts von den Melodien hörte, die er in den eben genannten Orten im vorigen Jahre kennen gelernt hatte, und auch erfuhr, daß an den übrigen Orten die dahin geschickten je länger je mehr von einander abwichen, so trug er die Sache dem Papst Leo, heiliger Gedächtniß, Stephans Nachfolger vor.

---

[1] Zachar. 8, 23.

Dieser rief sie nach Rom zurück und bestrafte sie mit Verbannung oder mit ewigem Zuchthaus, zu dem erlauchten Karl aber sagte er: „Wenn ich dir nun andere verschaffe, so werden sie doch ebenso wie die früheren durch Neid verblendet, es nicht lassen dich zu täuschen. Aber ich will auf andere Weise für die Erfüllung deines Wunsches sorgen. Gieb mir aus deiner Umgebung zwei Geistliche von großen natürlichen Anlagen, doch so daß meine Leute nicht wissen, daß sie dir angehören, und so Gott will, sollen sie in der Kunst die du begehrst alle Vollendung erreichen." Und so geschah es, und siehe, nach kurzer Zeit schickte er sie vortrefflich unterrichtet an Karl zurück. Dieser behielt einen bei sich, den anderen schickte er auf die Bitte seines Sohnes Truogo, Bischofs von Metz, nach dessen Kirche [1]. Dieses Mannes Bemühung trug nicht nur dort Frucht, sondern verbreitete sich auch durch ganz Francien in dem Grade, daß noch jetzt bei denen, die hier zu Lande Lateinisch sprechen, der Kirchengesang Mettensisch heißt, bei uns aber, die wir Teutonisch oder Deutsch [2] sprechen, nach heimischer Art Met oder Mette, oder auch nach griechischer Ableitung mit einem gebräuchlichen Namen Mettisca genannt wird [3].

---

[1] Drogo wurde erst 823, lange nach Karls Tod, Bischof von Metz.

[2] Teuthisca lingua.

[3] Hier folgt im Wiblinger und im Zwifalter Codex folgende Stelle: „Auch der fromme Kaiser aber hatte dem einen der zu ihm gesandten Sänger, mit Namen Petrus, befohlen, sich eine Zeit lang im Kloster Sankt Gallen aufzuhalten. Dort ließ er auch die Cantarei, wie sie noch heute zu sehen ist, mit dem authentischen Antiphonar aufstellen, und mahnte angelegentlich, im römischen Gesang unterweisen zu lassen und ihn zu lernen, weil er dem Kloster Sankt Gallen sehr gewogen war. Er schenkte ihm auch viel an Geld und Grundbesitz, Massilis und Rautinis und anderes mehr; auch einen herrlichen Behälter mit Reliquien, den man Karls Kapelle nennt, aus reinem Gold und Edelsteinen verfertigt." Eine ähnliche Geschichte findet sich in der Klosterchronik; daß sie hier, an unserer Stelle, von späterer Hand eingeschoben ist, geht, wie G. Meyer von Knonau bemerkt, daraus hervor, daß die Schenkungen von Massino und Röthis erst von Karl III herrühren, und ausdrücklich unten II, 10 bemerkt wird, vor Ludwig dem Deutschen habe das Kloster kein Königsgut erhalten. Das war zu Notkers Zeit doch in zu frischer Erinnerung. — Statt „Geld" (denariis) hat die Wiblinger Handschrift „Weihgeschenke" (donariis).

11. Karl, der ebenso gottesfürchtig wie mäßig war, hatte die Gewohnheit, während der Fasten nachdem die Messe gleich mit den Vespern gefeiert war, um zwölf Uhr[1] zu speisen, ohne doch darum die Fasten zu brechen, da er nach der Vorschrift des Herrn von einer Stunde zur andern aß[2]. Ein Bischof aber, der gegen die Warnung jenes weisen Mannes[3] allzu gerecht und allzu thöricht war, tadelte ihn unbedachtsamer Weise deshalb. Der weise Karl verbarg seinen Unwillen, und nahm den Vorwurf demüthig an, mit den Worten: „Du hast Recht, lieber Bischof[4]; dann aber befehle ich dir, nichts zu genießen, ehe die letzten Diener an meinem Hofe zum Essen kommen." Während nämlich Karl speiste, bedienten ihn Herzöge und Fürsten oder Könige verschiedener Völker. Nach seiner Mahlzeit setzten sich diese zu Tische, und ihnen warteten Grafen und Statthalter oder hohe Beamte verschiedener Art auf. Nach diesen kamen die Ritter und Palastwachen[5], dann die verschiedenen Hofbeamten, darauf die Diener und endlich die Diener dieser Diener, so daß die letzten nicht vor Mitternacht speisten. Fast bis ans Ende der ganzen Fastenzeit ließ der milde Karl den Bischof bei solcher Strafe ausharren, dann sprach er zu ihm: „Jetzt, glaube ich, wirst du erfahren haben, Bischof, daß ich in der Fastenzeit nicht aus Unmäßigkeit, sondern mit gutem Bedacht vor der Abendstunde mein Mahl halte.

12. Einen andern Bischof ersuchte er einstmals um seinen Segen; dieser schlug über dem Brode das Kreuz, und nahm sich dann zuerst selbst davon, ehe er es dem herrlichen Karl hinreichte. Aber Karl sagte: „Behalte das ganze Brod für dich", und beschämte ihn, indem er seinen Segen verschmähte.

---

[1] Um die siebente Stunde, nämlich von 6 Uhr Morgens an gerechnet. Der Text bei Pertz hat die achte Stunde.
[2] Nämlich einmal am Tage. Gemeint ist 3. Mos. 23, 32.
[3] Prediger Sal. 7, 17. — [4] Lateinisch laete vir episcope.
[5] scholares alae oder nach einigen Handschriften aulae, die Leibwächter des Königs.

13. Karl überließ vorsichtiger Weise keinem seiner Grafen, mit Ausnahme derjenigen, die an der Grenze, den Barbaren zunächst, angestellt waren, mehr als eine Grafschaft, gab auch keinem Bischofe eine königliche Abtei oder Kirche, wenn nicht sehr entschiedene Gründe dafür sprachen; fragten ihn seine Rathgeber oder Vertrauten nach der Ursache, so antwortete er: „Mit jenem Gute, jenem Meierhof, mit dieser kleinen Abtei oder Kirche versichere ich mich der Treue eines eben so guten oder besseren Vasallen, als der Graf oder Bischof ist." Aus bestimmten Gründen aber gab er einigen sehr viele: so dem Udalrich, dem Bruder der großen Hildigard, der Mutter von Königen und Kaisern. Als Karl diesen nach Hildigards Tod[1] wegen eines Vergehens seiner Lehen entsetzte, rief ein leichtfertiger Mensch in Gegenwart dieses so barmherzigen Königs: „Jetzt hat Udalrich seine Lehen in Ost und West verloren, da seine Schwester todt ist"[2]. Da weinte jener, und ließ ihn sogleich in seine früheren Ehren wieder einsetzen. Auch gegen die Orte der Heiligen öffnete er weit seine freigebige Hand, wo es sich gebührte, wie das folgende zeigen wird.

14. Ein Bisthum lag Karl auf seinen Reisen gerade im Wege, er konnte es kaum vermeiden. Der Bischof aber wollte ihn gerne nach Gebühr aufnehmen, und verwandte in seinem Dienste alles was er auftreiben konnte. Als nun einmal der Kaiser unerwartet ankam, da eilte der Bischof in großer Unruhe wie eine Schwalbe hin und her, ließ nicht nur die Kirchen und Häuser, sondern auch die Höfe und selbst die Straßen ausfegen und reinigen, und zog ihm dann sehr müde und verdrießlich entgegen. Der fromme Karl bemerkte das, musterte

---

[1] Sie starb am 30. April 783
[2] M. Haupt hat den Spruch in die Sprache der Zeit zurück übersetzt
Nû habêt Uodalrîh firloran erôno gillih,
ôstar enti uuestar, sîd irstarp sîn suester.
Müllenhoff und Scherer, Nr. VIII.

alles mit den Augen und sprach zum Bischof: „Du bist der beste Wirth, immer läßt du zu unserm Empfange alles aufs schönste säubern." Der erzitterte, gleich wie von göttlicher Stimme angeredet, ergriff die siegreiche Rechte, küßte sie und erwiederte, seinen Unwillen so gut er konnte verbergend: „Recht ist es, Herr, daß wohin ihr kommt, alles bis auf den Grund ausgekehrt werde." Karl, der weiseste aller Könige, erkannte den Sinn der Worte, und sprach: „Verstehe ich auszuleeren, so kann ich auch wieder füllen." Dann setzte er hinzu: „Nimm jenes königliche Gut, das bei deinem Bischofsitze liegt, und behalte es für dich und für deine Nachfolger auf ewige Zeiten."

15. Auf derselben Reise kam er unerwartet zu einem andern Bischofe, dessen Stadt auch nicht zu vermeiden war. Fleisch von vierfüßigen Thieren oder von Vögeln wollte er an dem Tage nicht essen, weil es Freitag war, Fische aber konnte der Bischof nach der Lage des Orts nicht gleich bekommen, daher setzte er ihm vortrefflichen und vor Fettigkeit gelblichen Käse vor. Karl der immer und überall dieselbe Mäßigung bewies, vermied es den Bischof in Verlegenheit zu setzen, und verlangte nichts weiter, sondern nahm sein Messer, warf die Rinde, die ihm abscheulich vorkam, weg, und aß das Weiße des Käses. Der Bischof aber, der zu seiner Bedienung neben ihm stand, trat hinzu und sagte: „Warum thust du das, Herr Kaiser? Das, was du wegwirfst, ist gerade das Beste." Karl, dem alle Arglist fremd war, und der darum auch nicht glaubte, daß ein anderer ihn anführen könne, kostete nach dem Rathe des Bischofs etwas von jener Rinde und schluckte es langsam kauend wie Butter hinunter. Er fand den Rath gut, und sagte: „Du hast wahr gesprochen, mein lieber Wirth, und, fügte er hinzu, vergiß doch nicht, mir jedes Jahr zwei Fuder voll solcher Käse nach Aachen zu schicken." Der Bischof erschrak über die Unmöglichkeit der Sache, und glaubte sich schon in Gefahr, seine

Stellung und sein Amt zu verlieren. „Herr, erwiederte er, Käse kann ich wohl anschaffen, aber ich kann nicht erkennen, welche so und welche anders sind; darum fürchte ich mir Tadel von euch zuzuziehen." Karl dem auch neues und ungewöhnliches nie verborgen und dunkel blieb, sagte zum Bischofe, der doch bei dergleichen groß geworden war und sich noch nicht darauf verstand: „Schneide jeden mitten durch, und die du so beschaffen findest, die füge mit einem spitzigen Stäbchen wieder zusammen, thu sie in ein Faß, und schicke sie mir; die übrigen aber behalte für dich, deine Geistlichkeit oder dein Hausgesinde." Das geschah zwei Jahre, ohne daß der König sich etwas merken ließ; im dritten Jahre kam der Bischof schon selbst, um persönlich darzubieten, was er mit so vieler Mühe aus so weiter Entfernung her gebracht hatte. Da hatte Karl, voll Gefühls für Billigkeit wie er war, Mitleid mit seiner Sorge und Mühe, und gab ihm zu seinem Bisthum einen vortrefflichen Meierhof für sich und seine Nachfolger, um davon Getreide und Wein für seinen und seiner Leute Bedarf zu beziehen.

16. Nachdem ich nun erzählt habe, wie der weise Karl die Demüthigen erhöhte, will ich auch berichten, wie er die Hochmüthigen erniedrigte. Es war da ein Bischof voll Eitelkeit und überaus begierig nach unnützen Dingen. Als der kluge Karl das bemerkte, befahl er einem jüdischen Handelsmann, der oft nach dem gelobten Lande zu ziehen und von dort übers Meer viele Kostbarkeiten und fremdartige Gegenstände mitzubringen pflegte, jenen Bischof auf irgend eine Weise anzuführen oder zum Besten zu haben. Der fing sich eine gewöhnliche Maus, bereitete sie mit verschiedenen Specereien zu, und bot sie dem Bischofe zu Kauf an; aus Judäa, sagte er, habe er dieses höchst kostbare und noch nie gesehene Thier mitgebracht. Jener freute sich ausnehmend, und bot ihm drei Pfund Silber

für ein so werthvolles Ding. Da rief der Jude: „Ein schöner Preis für ein so kostbares Stück! Lieber werfe ich es in's Meer wo es am tiefsten ist, als daß irgend jemand es für einen so geringen und erbärmlichen Preis erhalten sollte." Jener, der sehr reich war, und niemals etwas an die Armen gab, versprach ihm zehn Pfund, um den unvergleichlichen Schatz zu erwerben. Da stellte sich der verschlagene Kaufmann sehr unwillig an und sagte: „Das verhüte der Gott Abrahams, daß ich so meine Mühe und Kosten verlieren sollte!" Der geizige Pfaffe, der den theuern Schatz gar zu gerne haben wollte, bot 20 Pfund, der Jude aber wickelte zornig die Maus in ein sehr kostbares seidenes Tuch, und fing an wegzugehen. Da war der Bischof angeführt — aber er sollte noch erst recht angeführt werden — er rief den Juden zurück, und gab ihm ein volles Maaß Silbers, um die große Kostbarkeit zu erlangen. Der Handelsmann ließ sich noch erst viel bitten, und willigte nur sehr zögernd ein; das Geld brachte er dann dem Kaiser und erzählte ihm das alles. Nicht lange darauf rief der König alle Bischöfe und Vornehmen dieses Landes zur Besprechung, und nachdem man über viele nothwendige Dinge verhandelt hatte, ließ er jenes Geld herbeibringen nnd in die Mitte des Saales legen. Dann sagte er: „Ihr Bischöfe, unsere Väter und Vormünder, den Armen, vielmehr Christus selbst in ihnen, solltet ihr dienen, und nicht nach eitlen Dingen trachten. Nun aber verkehrt ihr alles ins Gegentheil, und ergebt euch leerer Eitelkeit und Habsucht mehr als alle übrigen Sterblichen. Einer von euch, fuhr er fort, hat so viel Silber an einen Juden gegeben für eine gewöhnliche einbalsamirte Maus." Jener aber, der auf solcher schmählichen That ertappt war, stürzte ihm zu Füßen und bat um Verzeihung für sein Vergehen. Der König hielt ihm seine Thorheit nach Gebühr vor und ließ ihn dann beschämt gehen.

17. Derselbe Bischof blieb, als der streitbare Karl mit dem Hunenkriege beschäftigt war, zum Schutze der glorreichen Hildigard zurück[1]. Diese war so freundlich gegen ihn, daß er Muth bekam, und seine Keckheit stieg zu solcher Höhe, daß er sich den goldenen Stab des unvergleichlichen Karl, den dieser nach seiner Größe hatte machen lassen, um ihn an Festtagen als Stütze zu tragen, unverschämter Weise zu einem Bischofstabe ausbat. Sie hielt ihn listig hin, und sagte, sie wage nicht, ihn jemandem zu geben, aber sie wolle beim Könige getreulich darum für ihn bitten. Als dieser zurückkam, sagte sie ihm scherzend, um was der thörichte Bischof sie gebeten hatte. Der König ging mit Freuden auf ihre Bitte ein, und versprach noch mehr zu thun als jener wünschte. Als nun fast ganz Europa sich um Karl nach dem Siege über ein so furchtbares Volk versammelt hatte, sprach er vor allen Vornehmen und Geringen also: „Die Bischöfe sollten das Irdische verachten, und anderen das Beispiel geben, vor allem nach dem Reiche Gottes zu trachten. Nun aber sind sie vor allen andern Sterblichen von solchem Ehrgeiz ergriffen, daß einer von ihnen, nicht zufrieden mit der bischöflichen Würde, die er in der ersten Stadt Deutschlands bekleidet[2], unser goldenes Scepter, das wir zum Zeichen unserer Herrschaft zu tragen pflegen, zu einem Bischofstabe ohne unser Wissen sich zu verschaffen gesucht hat." Da erkannte der Schuldige seine Schuld und bat um Verzeihung, die er auch erhielt.

18. Ich fürchte sehr, o Herr und Kaiser Karl, daß ich, nur bestrebt euern Befehl zu erfüllen, alle Stände und besonders die Bischöfe mir zu Feinden mache. Aber um alle diese mache ich mir keine große Sorge, wenn ich nur eures

---

[1] Bei Lebzeiten der Königin Hilbegard hat noch kein Krieg gegen die Avaren stattgefunden. — [2] Es ist also Richolf von Mainz gemeint, der sonst nur mit Achtung genannt wird.

Schutzes nicht entbehre. Der fromme Kaiser Karl gab einmal das Gebot, daß alle Bischöfe in seinem weiten Reiche entweder vor einem von ihm bestimmten Tage in der Hauptkirche ihres bischöflichen Sitzes predigen sollten, oder so jemand das nicht thäte, so sollte er der Ehre des Bisthums verlustig sein. Doch was sage ich, der Ehre? da der Apostel versichert[1]: „So jemand ein Bischofsamt begehret, der begehret ein gutes Werk." Aber in der That will ich euch, erlauchtester König, ganz im Geheimen gestehen, daß man dabei nach großer Ehre, nach guten Werken aber auch nicht im mindesten trachtet. Jener früher erwähnte Primas also erschrak über ein solches Gebot, da er sich auf nichts anders verstand, als köstlich und hoffärtig zu leben; aus Angst aber, er möchte mit seinem Bisthum auch zugleich sein schwelgerisches Leben aufgeben müssen, lud er zu einem Festtage zwei vornehme Herren vom Hofe ein, und bestieg, nachdem das Evangelium verlesen war, die Kanzel, als ob er zum Volke reden wollte. Zu einem so unerwarteten Schauspiel liefen alle voll Verwunderung zusammen, bis auf einen sehr rothhaarigen Armen, der seine Mütze aufgesetzt hatte, weil er keinen Hut hatte und sich der Farbe seiner Haare gar zu sehr schämte. Da rief jener, der Bischof genannt wurde, aber in der That keiner war, seinem Thürsteher oder Schergen — Leute die man bei den alten Römern Aedilicii nannte — zu: „Bring mir doch jenen Menschen mit dem Hut her, der an der Kirchenthür steht." Dieser eilte das Gebot seines Herrn zu erfüllen, faßte den Armen, und fing an ihn zum Bischof hinzuschleppen. Der fürchtete eine schwere Strafe, weil er es gewagt hatte, mit bedecktem Haupte im Gotteshause zu stehen, und sträubte sich aus allen Kräften, gleich als sollte er vor den strengsten Richter geführt werden. Der Bischof sah von der Höhe zu, und bald seinen Vasallen

---

[1] 1. Timoth. 3, 1.

anredend, bald jenen Unglücklichen scheltend, rief er wie ein
Prediger mit lauter Stimme: „Schleppe ihn her! laß ihn ja
nicht fahren! Hierher mußt du kommen, du magst wollen oder
nicht." Als er endlich der Gewalt nachgebend oder aus Furcht
näher kam, sagte der Bischof: „Komm noch näher! noch im=
mer näher." Und darauf zog er ihm seine Kopfbedeckung ab
und rief zum Volke: „Seht ihr es wohl, Leute, der Dumm=
kopf hat rothes Haar!" Dann ging er wieder an den Altar,
und hielt das Hochamt, oder that wenigstens so. Nach Be=
endigung solcher Messe traten sie in seinen Saal ein, der mit
herrlichen Teppichen und Vorhängen aller Art geschmückt war,
wo ein köstliches Mahl in goldenen, silbernen oder mit edelen
Steinen gezierten Gefäßen auch dem unlustigen und übersät=
tigten Lust zum Genuß erwecken konnte. Er selbst aber saß
hoch aufgebaut auf weichen Federn, in Ueberzügen von dem
kostbarsten Seidenzeuge[1], mit kaiserlichem Purpur angethan,
so daß ihm nur jenes Scepter und der königliche Name fehl=
ten; umgeben von Schaaren der glänzendsten Ritter, so daß
im Vergleich mit ihnen jene Herren vom Hofe, das will sagen,
von dem Gefolge des siegreichen Karl, sich selbst ganz ärmlich
vorkamen. Nach dem wunderbar reichen Mahle, dergleichen
auch bei Königen nicht häufig ist, wollten sich jene beurlauben,
er aber, um seine Pracht und Herrlichkeit noch besser zu zeigen,
ließ die kunstreichsten Sänger nebst allen musikalischen Instru=
menten kommen, bei deren Stimmen und Klang die härtesten
Herzen weich werden und die schnellen Fluthen des Rheines ver=
weilen mußten. Von Getränken aber gab es die verschiedensten
Arten, mit allerhand Würzen und Zuthaten bereitet, mit Kräutern
und Blumen bekränzt, die den Glanz der Edelsteine und des
Goldes auffingen, und rothen Schein dafür zurückstrahlten;

---

[1] Nach der Wiblinger und Zwifalter Handschrift war er selbst mit diesen
Seidenstoffen bekleidet.

doch blieben die Becher ungeleert in der Hand, da der Magen schon überfüllt war. Aber die Bäcker und Fleischer, Köche und Wurstmacher, bereiteten unterdessen mit der ausgesuchtesten Kunst für die vollen Magen Leckerbissen aller Art, um wieder zum Genuß zu reizen — ein Mahl wie es für den großen Karl nie bereitet worden ist. Am nächsten Morgen, als der Bischof wieder einigermaßen nüchtern geworden war, und anfing sich selbst zu entsetzen über die Verschwendung, die er am vorigen Tage die Gefährten des Kaisers hatte schauen lassen, ließ er sie vor sich führen, beschenkte sie mit königlichen Gaben, und beschwor sie, dem furchtbaren Karl nur gutes und schickliches von ihm zu berichten, und daß er in ihrer Gegenwart öffentlich in der Kirche geprediget habe. Als sie nun zurückkamen und der Kaiser sie fragte, weßhalb der Bischof sie eingeladen habe, fielen sie ihm zu Füßen und sprachen: „Herr, um uns in euerm Namen weit über unser Verdienst zu ehren." Und sie fügten noch hinzu: „Ueberaus treu ist euch und allen, die euch angehören, jener vortreffliche Bischof, und wohl verdient er die erste Bischofswürde. Denn wenn ihr unserer Niedrigkeit gnädigst Glauben schenken wollt, so versichern wir eurer Hoheit, daß wir ihn mit lauter Stimme predigen hörten." Der Kaiser aber, der seine Unwissenheit kannte[1], fragte weiter nach der Art der Predigt, und jene, die nicht wagten ihn zu täuschen, erzählten ihm alles nach der Ordnung. Da erkannte er, daß jener aus Furcht versucht habe etwas zu reden, um nur sein Gebot nicht zu vernachlässigen, und ließ ihm sein Bisthum, obschon er es nicht verdiente.

19. Nicht lange nachher sang ein Jüngling, der mit dem Könige verwandt war, an einem Feste das Halleluja besonders gut, und der Kaiser sagte zu demselben Bischofe: „Da hat

---

[1] Ritholf führte in Karls Akademie den Namen Damoetas, und war also nicht ungebildet.

jener unser Geistlicher einmal gut gesungen." Der Bischof nahm das in seiner Dummheit als Scherz auf, und weil er nicht wußte, daß jener mit dem Kaiser verwandt war, antwortete er: "So etwas kann jeder Bauer seinen Ochsen am Pfluge vorbröhnen." Auf diese unverschämte Antwort sah ihn der Kaiser mit so blitzenden Augen an, daß er wie betäubt niederstürzte.

20. In einem anderen ganz kleinen Städtchen[1] war ein Bischof, der noch bei seinen Lebzeiten nicht wie die Apostel und Märtyrer um seine Fürsprache bei Gott gebeten, sondern gar selbst göttlich verehrt werden wollte. Solchen Hochmuth suchte er jedoch so weit zu verbergen, daß er sich einen Heiligen Gottes nennen ließ, um nicht bei allen verabscheuungswürdig wie die Götzen der Heiden zu erscheinen. Dieser hatte einen Vasallen, der unter seinen Landsleuten recht angesehen, dabei sehr tüchtig und strebsam war, dem aber jener weder ein Lehen, noch auch nur jemals ein freundliches Wort zukommen ließ. Da dieser nun nicht wußte, wie er es anfangen sollte, seine Unfreundlichkeit zu besänftigen, kam er zuletzt auf den Gedanken, wenn er vorgäbe, in seinem Namen Zeichen gethan zu haben, so möchte er sich wohl seine Gunst erwerben. Einmal also, als er zum Bischofe reiten wollte, nahm er am Seile zwei Hunde mit, die man Windhunde nennt, welche durch ihre große Schnelligkeit Füchse und andere kleinere Thiere leicht einfangen, auch Wachteln und andere Vögel im schnellen Aufspringen oft erhaschen; und da er unterwegs einen Fuchs auf Mäuse lauern sah, ließ er plötzlich die Hunde gegen ihn los. Diese stürzten sich im schnellsten Lauf auf ihn, und faßten ihn innerhalb Pfeilschußweite. Er selbst folgte ihnen eilig, und

---

[1] In der Handschrift der Bibliothek in Montpellier ist der Name Strazburc dazu gesetzt, und wirklich war da ein Bischof Recho, aber eine kleine Stadt war Straßburg schon damals nicht.

entriß den Fuchs lebendig und unverletzt ihren Zähnen und
Klauen; die Hunde aber versteckte er irgendwo, ging dann
triumphirend mit diesem Geschenke zu seinem Herrn, und sprach
ganz demüthig: „Sieh, Herr, was für ein Geschenk ich armer
Mann mir habe verschaffen können." Der Bischof lächelte ein
wenig, und fragte ihn, wie er das Thier so unverletzt habe
fangen können. Jener trat näher an ihn heran, betheuerte bei
dem Wohle seines Herrn selbst, daß er ihm die Wahrheit nicht
verbergen wolle, und sprach: „Herr, ich ritt durch jenes Feld,
und sah nicht weit von mir diesen Fuchs, da jagte ich mit ver=
hängtem Zügel hinter ihm her, aber er entfloh so schnell, daß
ich ihn kaum noch sehen konnte. Nun hob ich die Hand auf
und beschwor ihn: Im Namen Necho's, meines Herrn, bleib
stehen, und rühr dich nicht vom Fleck. Und siehe, wie mit
Ketten gefesselt blieb er an jener Stelle, bis ich ihn wie ein
verlassenes Schaf[1] aufnahm." Da sagte der Bischof, von
leerem Hochmuth aufgeblasen, vor allen Anwesenden: „Jetzt
kommt meine Heiligkeit an den Tag, nun weiß ich, wer ich bin,
jetzt erkenne ich, was mir noch bevorsteht." Und von jenem
Tage an bezeugte er gegen den bisher ihm verhaßten Mann
die größte Liebe, mehr als allen seinen Vertrauten.

21. Da ich nun dieses, weil gerade die Gelegenheit sich
darbot, erzählt habe, obgleich es eigentlich nicht zur Sache ge=
hört, scheint es mir nicht unpassend, auch andere denkwürdige
Begebenheiten, welche sich damals ereignet haben, hier aufzu=
zeichnen. Im neuen Francien war ein Bischof von wunder=
samer Heiligkeit und Enthaltsamkeit, auch von unvergleichlicher
Mildthätigkeit und Barmherzigkeit. Aber der alte Feind, dem
jegliche Tugend verhaßt ist, höchlich erbittert durch jenes Man=

---

[1] Nach den Handschriften „Ei", aber ich möchte doch glauben, daß ein älterer
Abschreiber hier einer Verwechselung anzuklagen ist; auch haben die beiden ab=
weichenden Handschriften quasi derelictam, wo ovem zu ergänzen ist.

nes Rechtschaffenheit, erregte in ihm eine solche Begier während der Fasten Fleisch zu essen, daß er glaubte ohne Verzug sterben zu müssen, wenn er sich nicht durch solche Speise stärkte. Auf das Zureden vieler heiliger und ehrwürdiger Priester, er möge doch zur Herstellung seiner Gesundheit Fleisch genießen, und nachher sich das ganze Jahr hindurch auf gewohnte Weise kasteien, gab er endlich, um nicht unfügsam und seinem eigenen Leben feindlich zu erscheinen, ihrem Rathe nach, und durch die äußerste Noth gezwungen, steckte er ein Stückchen Fleisch von einem vierfüßigen Thier in den Mund. Als er aber anfing es zu kauen, und nur ein wenig den Geschmack am Gaumen empfunden hatte, ergriff ihn ein solcher Ekel, Widerwille und Abscheu, nicht allein gegen Fleisch und andere Speise, sondern auch gegen das Licht des Tages und das irdische Leben, indem er an seinem Seelenheil verzweifelte, daß er ferner weder essen noch trinken wollte, noch sich getraute seine Hoffnung auf den Heiland der Sünder zu setzen. Da aber dieses in der ersten Fastenwoche vor sich ging, riethen ihm die schon erwähnten Väter, weil er einsehe, daß er durch teuflisches Blendwerk getäuscht sei, möge er sich bemühen, durch strengeres Fasten mit zerknirschtem Herzen und reichliche Almosen jene augenblickliche Sünde zu verdecken, zu mindern oder ganz abzuwaschen; und trefflicher Sinnesart wie er war, fügte er sich ihrem Rathe. Um also des Teufels Bosheit zu Schanden zu machen, und bei dem Hersteller der Unschuld Vergebung seiner Sünden zu erlangen, kasteite er sich mit zwei- und breitägigen Fasten, floh die Ruhe des Schlafes, diente täglich selbst den Armen und Pilgern, wusch ihnen die Füße, und bot ihnen nach seinem Vermögen Geld und Kleidung. Um aber noch mehr zu thun, forderte er sich am heiligen Osterabend aus der ganzen Stadt viele Badewannen zusammen, und ließ allen Dürftigen vom Morgen bis zum Abend warme Bäder darbieten; er selbst nahm jedem einzelnen den Bart ab, und reinigte mit seinen Fingern die Geschwüre ihrer borstigen Körper, salbte sie, und kleidete sie wie Neugeborene mit weißen Gewändern. Als aber die Sonne sich zum Untergange neigte, und niemand mehr übrig war, der solcher Sorge bedurfte, ging er selbst in's Bad, und mit gereinigtem Bewußtsein daraus hervorgehend, bekleidete er sich mit dem reinsten Linnen, um nach dem Urtheil der heiligen Bischöfe das Hochamt vor dem Volke zu feiern. Als er nun schon auf dem Wege zur Kirche war, nahm der listige Widersacher, welcher die Ausführung seines Vorsatzes zu hindern wünschte, so daß der Bischof doch gegen sein Gelübde einen Armen ungewaschen übrig ließe, die Gestalt eines überaus widerwärtigen und abscheulichen Aussätzigen an; von Eiter triefend, in faulichte Lumpen gehüllt, mit zitterndem, schwankendem Schritt, und schon durch seine heisere Stimme Mitleid erregend: so trat er ihm an der Schwelle der Kirche entgegen. Da kehrte der Bischof, von göttlichem Eifer getrieben, um, daß er den Feind erkenne, dem er neulich unterlegen war; er legte das Meßgewand ab, ließ ohne Verzug Wasser wärmen und den Elenden hinein legen. Dann nahm er ein Schermesser und fing an seinen abscheulichen Hals zu scheren. Mit der einen Hälfte vom Ohre bis zur Mitte des Halses fertig, fing er an der andern Seite an, um so zu demselben Orte zu gelangen. Kaum war er aber so weit gekommen, so fand er, wunderbar zu sagen! längere Borsten als die, welche er abgeschnitten hatte, wieder gewachsen. Und da dieses sich häufig wiederholte, und er nicht abließ zu scheren, siehe, da fing unter den Händen des Bischofs, ich schaudere, indem ich es erzähle! ein Auge von wunderbarer Größe an sich mitten zwischen den Adern zu zeigen. Entsetzt sprang er vor solcher schrecklichen Erscheinung zurück, und mit lautem Schrei bekreuzte er sich in Christi Namen. Vor solcher Anrufung vermochte der listige

Feind nicht länger seinen Betrug zu verbergen; er verschwand wie ein Rauch, und sagte im Abziehen: „Dieses Auge hat genau Acht gegeben, als du während der Fasten Fleisch gegessen hast."

22. In derselben Gegend war ein anderer Bischof von unvergleichlicher Heiligkeit. Dieser ließ in unvorsichtiger Sicherheit, da er das weibliche Geschlecht schon kaum mehr kannte, junge Nonnen so gut wie alte Priester des Unterrichts halber mit sich verkehren. Als er aber am Osterfeste nach dem Gottesdienste, den er bis nach Mitternacht fortgesetzt hatte, jenen Elsasser Sigoltsheimer[1] etwas zu reichlich genossen, und zugleich mit diesem starken Falerner eines sehr schönen Weibes Angesicht und buhlerische Gebärden, ach zu widerstandslos! in sich aufgenommen hatte, rief er sie, als die anderen weggingen, an sein Bett und sündigte mit ihr zu seinem Verderben. Beim Schein der Morgenröthe sprang er schnell auf, reinigte sich nach der Sitte der Heiden im Bade und trat mit beflecktem Gewissen vor das unentfliehbare Auge des wahren Gottes. Aber als die Gesänge beendigt waren und er nun selbst nach seinem Amte den himmlischen Lobgesang anstimmen sollte, da verstummte er voll Entsetzen, legte das priesterliche Gewand auf den Altar, und zum Volke gewandt, bekannte er sein Vergehen. Dann stürzte er nieder auf die Stufe des Altars und ergoß sich in unendliche Thränenströme. Das Volk aber drängte ihn aufzustehen, und betheuerte mit furchtbaren Eiden, es werde nicht dulden, daß an diesem großen Festtage von einem anderen, als dem Bischofe selbst, die Messe gefeiert werde; er konnte den Platz nicht verlassen, und nachdem der Kampf fast drei Stunden gedauert hatte, erbarmte sich endlich die himm-

---

[1] Alsastiensi Ullo Sigultario. Die Zwifalter und die Wiblinger Handschrift haben nur „mit Wein und Speisen," woran man deutlich erkennt, daß sie überarbeitet sind.

lische Gnade über die Bitten des frommen Volkes und das zerknirschte Herz des Bischofs und bekleidete ihn so, auf dem Boden liegend, wieder mit dem Meßgewand, und gab ihm auf diese Weise voll Barmherzigkeit, da er der Vergebung gewiß geworden war, die Zuversicht, das selbst Himmlischen furchtbare Amt zu verrichten, zum Beispiel einer wahren Buße, und zur Warnung vor der Sicherheit, die nie und nirgends auf dieser Erde gefahrlos, sondern immer eitel ist.

23. Es lebte auch in dem Francien, das man das alte nennt, ein anderer Bischof, der über alles Maaß vom Geize besessen war. Als nun einmal ungewöhnliche Unfruchtbarkeit aller Feldfrüchte den ganzen Erdkreis heimsuchte, da freute sich jener geizige Kaufmann über die äußerste Noth aller Sterblichen, ja fast schon Sterbenden, und befahl, seine Vorräthe zu öffnen, um sie zu den höchsten Preisen zu verkaufen. Damals hatte ein Spukgeist oder Schrat[1], der sich mit luftigen Streichen und Necken der Menschen abgab, die Gewohnheit, in das Haus eines Schmiedes zu kommen, und nächtlicher Weile mit den Hämmern und Ambossen zu spielen; und da jener Hausvater sich und sein Eigenthum mit dem Zeichen des heilbringenden Kreuzes schützen wollte, antwortete ihm der haarige Wicht: „Gevatter, wenn du mich nicht hindern willst, in deiner Werkstatt mein Wesen zu treiben, so setz dein Fläschlein her, und du wirst es täglich gefüllt finden." Der Arme, welcher mehr die leibliche Noth fürchtete, als das ewige Verderben der Seele, that nach dem Rathe des Widersachers. Dieser nahm eine sehr große Flasche, brach mehrmals in den Keller jenes Bromius oder Pluto ein, und ließ, nachdem er seinen Raub vollbracht, den Rest auf den Boden fließen. Als schon meh-

---

[1] Ein altdeutscher Ausdruck der in der Zwifalter Handschrift über dem lateinischen larva steht; vergl. die Irischen Elfenmärchen der Brüder Grimm S. CXII, und J. Grimms Deutsche Mythologie S. 447.

rere Fässer auf diese Weise dem Bischof ausgelaufen waren,
da merkte er, daß sie ihm durch Geisterspuk umkamen, be=
sprengte den Keller mit Weihwasser und schützte ihn durch das
Zeichen des siegreichen Kreuzes. In der Nacht kam der listige
Genosse des alten Diebes wieder mit seiner Flasche, und da
er die Weinfässer wegen der Bezeichnung mit dem heiligen
Kreuze nicht anzurühren wagte, und doch nicht weichen durfte,
wurde er in menschlicher Gestalt gefunden und von dem Wäch=
ter des Hauses gebunden als Dieb vors Volk geführt. Hier
wurde er am Schandpfahl gepeitscht und rief unter den Strei=
chen nur: „Wehe mir, wehe mir, daß ich die Flasche meines
Gevatters verloren habe!" Dieses habe ich, obgleich die Ge=
schichte wahr ist, nur deshalb angeführt, damit man erkenne,
wem solche verleugnete und in den Tagen der Noth verborgene
Vorräthe zu Gute kommen, und ferner, wie große Macht die
Anrufung des göttlichen Namens habe, selbst wenn böse Men=
schen sie anwenden.

24. Während ich auf das Haupt der Franken mein Auge
richte, und die Glieder seines Reiches mustere, habe ich der
übrigen Völker Hohe und Niedere hinter meinem Rücken ge=
lassen. Jetzt aber muß ich zu unsern Nachbarn, den Italiern,
kommen, die nur durch eine Bergwand von uns getrennt sind.
Unter ihnen war ein Bischof, voll Begierde nach eitlen Dingen.
Das bemerkte der Teufel, und erschien einem Armen, dem es
aber an Habsucht nicht fehlte, in menschlicher Gestalt; er ver=
sprach, ihn nicht wenig reich zu machen, wenn er mit ihm auf
ewige Zeiten ein Bündniß eingehen wollte. Als der Arme
seine Einwilligung nicht verweigerte, sagte der listige Feind:
„Ich verwandle mich in ein vortreffliches Maulthier; du aber
besteige mich und reite zum Hofe des Bischofs. Wenn dieser
nun anfängt nach dem Maulthier zu verlangen, so zögere du
und zaudere, weise sein Gebot zurück, fordere mehr, und stelle

dich, als wolltest du unwillig davon gehen; dann muß er hinter dir her schicken, und dir viel Geld versprechen. Zuletzt laß dich erbitten, und mit unzähligem Gelbe belastet überlaß ihm scheinbar ungern und gezwungen das Maulthier, dann mach dich eilig aus dem Staube und suche dir irgendwo einen Schlupfwinkel." So geschah es, und der Bischof, der den nächsten Tag nicht erwarten konnte, bestieg gleich in der Mittagsonne das Thier, ritt stolz durch die Stadt hinaus, um das Feld zu durchfliegen, und eilte zur Abkühlung nach dem Flusse. Ihm zu Ehren folgte die ganze Stadt; sein gewandtes Reiten, den raschen Lauf und wie er Delphinen gleich schwimme, wollten sie sehen. Und siehe, der alte Belial, als wollte er Zaum und Bügel nicht dulden, in Wahrheit aber von höllischem Feuer durchglüht, begann sich in die Tiefe des Strudels zu tauchen und den Bischof mit sich zu ziehen, so daß er kaum mit Heeresmacht und durch die Anstrengungen der in der Nähe beschäftigten Fischer gerettet werden konnte.

25. Der in mannigfacher List wohlerfahrene Widersacher, der auf dem Pfade, den wir wandeln, uns immer Schlingen zu legen pflegt, läßt nie davon ab, den einen durch diese, den andern durch jene Sünde zu Fall zu bringen. Einem Priester, denn den Namen Bischof muß man in solcher Sache lieber vermeiden, legte man den Vorwurf der Unzucht zur Last. Als nun dieses schon so ruchbar geworden war, daß es durch verschiedene Berichte auch dem Bischofe der Bischöfe, dem frommen Karl, sehr bekannt geworden war, wollte doch dieser weise Herr eine Zeit lang die Sache nicht merken und leerem Gerede keinen Glauben schenken. Da aber „Fama, die nirgend an Schnell' ein anderes Scheusal besieget"[1], von einer kleinen Meise schon über Adlersgröße anwuchs, so daß es durchaus nicht mehr unbeachtet bleiben konnte, da schickte Karl, der strenge

---

[1] Virgils Aen. IV, 174 (Voß).

Handhaber der Gerechtigkeit, zwei von seinen Palabinen ab, mit dem Auftrage, Abends in der Nähe der Stabt einzukehren, sodann am nächsten Morgen unvermuthet zu dem Priester zu gehen, und von ihm zu fordern, daß er ihnen selbst eine Messe lese; weigere er sich dann durchaus, so sollten sie ihn in seinem Namen zwingen, in eigener Person das hochheilige Sakrament zu verrichten. Der Priester wußte nicht, was er thun sollte, da er vor den Augen des himmlischen Richters in derselben Nacht gesündigt hatte, und doch nicht gegen jene zu verstoßen wagte; er fürchtete aber die Menschen mehr denn Gott, benetzte seine heißen Glieder mit kaltem Wasser, und rüstete sich zur Feier des furchtbaren Sakraments. Und siehe, mochte nun das Bewußtsein sein Herz erschüttern, oder das kalte Wasser in die Adern eindringen, er wurde von solchem Frost ergriffen, daß keine ärztliche Hülfe ihm zu Statten kam, sondern durch die grimmigste Fieberkrankheit zum Tode gebracht, wurde er durch den Beschluß des strengen und ewigen Richters gezwungen, seinen Geist aufzugeben.

26. Während aber durch solche und ähnliche Ränke der Rest der Sterblichen vom Teufel und dessen Dienern verlockt wird, ist es erfreulich zu betrachten, wie der Ausspruch des Herrn, da er, das feste Bekenntniß des heiligen Petrus belohnend, sagte[1]: „Du bist Petrus und auf diesen Felsen will ich bauen meine Gemeine und die Pforten der Hölle sollen sie nicht überwältigen", wie dieser, sage ich, auch in unsern gefahrvollen und verderbten Tagen fest und unerschütterlich bleibt. Wie zwischen Nebenbuhlern immer Neid und Haß wüthet, so war es bei den Römern herkömmlich und gewöhnlich, daß alle Männer von einiger Bedeutung gegen diejenigen, welche, jeder zu seiner Zeit, auf den päpstlichen Stuhl erhoben wurden, fortwährend abgeneigt oder vielmehr feindlich waren. Daher kam

---

[1] Matth. 16, 18.

es denn, daß einige von ihnen, durch Neid verblendet, dem Papste Leo heiliger Gedächtniß, den wir schon oben erwähnten, ein todeswürdiges Verbrechen Schuld gaben, und einen Versuch machten, ihn zu blenden. Allein durch göttliche Veranstaltung wurden sie abgeschreckt und zurückgehalten, so daß sie ihm nicht die Augen ausrissen, sondern nur mit Scheermessern mitten durchschnitten. Leo ließ dies heimlich durch seine Vertrauten dem Kaiser Michael zu Konstantinopel melden, aber dieser entzog ihm alle Hülfe, mit den Worten: „Der Papst hat selbst ein Reich für sich, und ein besseres als wir: möge er sich nun auch selbst gegen seine Feinde Recht schaffen".

Da folgte jener heilige Vater dem göttlichen Rathschlag, auf daß der, welcher in der That schon Herrscher und Heerführer über die meisten Völker war, zu noch höherem Ruhme auch den Namen eines Imperator, Cäsar und Augustus durch apostolische Befugniß erhielte, und forderte den siegreichen Karl auf nach Rom zu kommen. Dieser stets zur Heerfahrt und zum Kriege gerüstet, machte sich sogleich ohne einigen Verzug mit seinen Dienern und seinem Gefolge auf den Weg, doch ohne von der Ursache der Berufung etwas zu wissen, er das Haupt des Erdkreises, nach der Stadt, die einst das Haupt des Erdkreises war. Als das verderbte Volk seine unerwartete Ankunft erfahren hatte, suchten sie, wie die Sperlinge sich vor dem Anblicke ihres Herrn, wenn er sie ruft, zu verstecken pflegen, in verschiedenen Schlupfwinkeln, Grüften und Verstecken sich zu verbergen. Aber da sie seiner Sorgfalt und Klugheit auf der ganzen Erde nicht entgehen konnten, wurden sie gefangen und in Fesseln nach der Kirche des heiligen Petrus geführt. Hier nahm der unsträfliche Vater Leo das Evangelium unsers Herrn Jesu Christi, legte es auf sein Haupt und sprach vor Karl und dessen Rittern, auch in Gegenwart seiner Verfolger diesen Eid aus: „So möge ich am Tage des großen

Gerichts Theil am Evangelium haben, wie ich frei bin von der Schuld, die mir fälschlich von jenen vorgeworfen"[1]. Und alsbald sagte der furchtbare Karl zu den Seinen: „Seht wohl zu, daß keiner von jenen entkomme." Alle wurden daher ergriffen, und zu verschiedener Todesart oder unwiderruflicher Verbannung verurtheilt. Während er aber dort einige Tage zur Pflege seines Heeres verweilte, berief der apostolische Vater von den benachbarten Gegenden so viele er konnte, nach Rom, und vor diesen und den unbesiegbaren Gefährten des glorreichen Karl, ernannte er ihn, der nichts weniger vermuthete, zum Kaiser und zum Schutzherrn der Römischen Kirche. Ablehnen konnte dieser es nicht, weil er es für eine göttliche Fügung hielt, aber er nahm es nicht gerne an, weil er glaubte, die Griechen würden, von heftigerem Neide entbrennend, auf den Schaden des Frankenreichs bedacht sein, und mit erhöhter Vorsicht Sorge tragen, daß nicht, wie man sich damals erzählte, Karl unverhofft käme, und ihr Reich seiner Herrschaft unterwerfe. Besonders aber waren schon früher Gesandte des byzantinischen Königs zu ihm gekommen und hatten von ihrem Herrn ihm berichtet, er wolle sein treuer Freund sein, und wenn die Entfernung nicht so groß wäre, möchte er ihn wie

---

[1] In der Biblinger und der Zwifalter Handschrift findet sich hier der folgende Zusatz: „Es waren aber unter den Gefangenen sehr viele, welche baten, man möge ihnen erlauben an der Stätte des heiligen Petrus durch einen Eidschwur zu erhärten, daß sie an dem Verbrechen keinen Theil hätten. Der Papst aber, welchem ihre Leichtfertigkeit wohl bekannt war, sprach zum Karl: ‚Ich bitte dich, siegreicher Held Gottes, daß du ihnen ihre List nicht hingehen lassest. Denn sie wissen sehr wohl, daß niemand so leicht wie der heilige Petrus sich erbitten lasse, Verzeihung zu gewähren. Deshalb also laß unter den Gräbern der heiligen Blutzeugen suchen, bis sich die Aufschrift findet, welche dem Andenken des dreizehnjährigen Knaben Pankratius gesetzt ist. Denn wenn sie dir dort geschworen haben, so magst du sie für sicher halten.' Es geschah aber, wie der Papst es verlangt hatte. Und da eine große Menge Volks voll Zuversicht hinzu schritt, stürzten einige von ihnen starr zu Boden, andere aber waren vom Teufel besessen und redeten irre." Vergl. der Brüder Grimm deutsche Sagen II, 137. Schon Gregor von Tours de Miraculis c. 38 gedenkt der besonderen Strenge des Pankratius gegen Meineidige, und daß deshalb die Römer alle des Meineids verdächtige dahin zu führen pflegten.

einen Sohn halten und seiner Armuth zu Hülfe kommen, der großherzige Karl aber konnte schon damals die brennende Gluth nicht in der Brust bergen, sondern rief aus: „O daß doch dieser kleine Abgrund des Meeres nicht zwischen uns wäre! Dann würden wir vielleicht die Schätze des Ostens theilen, oder gemeinsam zu gleichen Theilen besitzen." Das pflegen die, welche die Armuth Afrika's nicht kennen, vom Afrikanischen Könige zu erzählen. Die Unschuld des seligen Papstes Leo aber hat der Geber und Hersteller des Heiles dadurch bezeugt, daß er ihm nach jener grausamen Durchschneidung, die ihn strafen sollte, hellere Augen wiedergab als er je gehabt hatte; nur zierte zum Zeichen dieses Wunders eine überaus schöne Narbe gleich einem feinen Faden seine Taubenaugen mit schneeweißem Glanze.

27. Damit aber nicht unwissende Menschen mich der Unwissenheit beschuldigen, weil ich von dem Meere, welches der größte Kaiser einen kleinen Abgrund nannte, nach seinen Worten berichtet habe, es liege zwischen uns und den Griechen, so mag wer will erfahren, daß damals noch Hunen und Bulgaren und viele andere furchtbare Völker unberührt und unbesiegt waren und den Landweg nach Griechenland verwehrten. Nachher hat sie alle der streitbare Karl zu Boden geschmettert, wie das ganze Geschlecht der Sclaven und der Bulgaren, oder völlig vernichtet, wie das Volk und den Namen der eisernen oder behelmten Hunen. Davon werde ich bald mehr erzählen, vorher aber will ich in kurzem ein weniges berichten von den Gebäuden, welche der Cäsar Augustus und Kaiser Karl bei den Aachener Heilquellen nach dem Beispiel des weisen Salomo Gott, und sich, und allen Bischöfen, Aebten, Grafen, kurz für alle Gäste, die aus dem ganzen Erdkreise zu ihm kamen, in wundersamer Pracht errichtet hat.

28. Als der rüstige Kaiser Karl zu einiger Ruhe gelangen

konnte, wollte er doch nicht in Muße feiern, sondern für den
Dienst Gottes arbeiten, so daß er es unternahm, in seinem
Vaterlande eine Kirche, herrlicher als die alten Werke der
Römer, nach eigenem Plane zu erbauen, und in kurzer Zeit
sein Ziel erreicht sah. Zu diesem Bau berief er von allen
Ländern diesseit des Meeres Meister und Werkleute aller
Künste dieser Art, und setzte über alle diese einen Abt, der an
Einsicht allen überlegen war, zur Ausführung des Werkes, da
er seine Listen nicht kannte. Aber sobald der Kaiser sich irgend
wohin entfernte, entließ jener für Geld wen er wollte; die
aber, welche sich nicht loskaufen konnten, oder nicht von ihren
Herren ausgelöst wurden, bedrückte er mit unendlicher Anstren=
gung, so wie einst die Aegypter das Volk Gottes mit schwerem
Frohndienst plagten, so daß er sie nie auch nur ein wenig aus=
ruhen ließ. Als er nun durch solchen Betrug eine ungeheure
Masse Gold und Silber, nebst seidenen Stoffen, zusammen ge=
bracht hatte, und das geringere in seiner Kammer aufhing, das
kostbarere aber in Kisten und Schreinen verbarg und verschloß,
da wurde ihm plötzlich gemeldet, daß sein Haus in Flammen
stehe. Er eilte herbei, brach mitten durch die Flammen in das
Gemach, wo die Kasten voll Gold aufbewahrt wurden, und
weil er nicht mit einem allein hinaus gehen wollte, nahm er
auf jede Schulter einen und eilte zum Ausgang. Da stürzte
ein sehr großer Balken, vom Feuer durchgebrannt, auf ihn
nieder, und verzehrte seinen Körper durch das irdische Feuer,
seine Seele aber sandte er zu dem Feuer, das nicht von Men=
schenhänden angezündet wird. So wachte das Gericht Gottes
für den frommen Karl, wo er selbst, durch die Reichsgeschäfte
verhindert, weniger Acht gab.

29. Daselbst war ein anderer Meister, der in allen Werken
von Erz und Glas alle übrigen übertraf. Als nun Tanko,
ein Mönch von Sankt Gallen, eine sehr schöne Glocke gegossen

hatte, und der Kaiser ihren Ton nicht wenig bewunderte, sagte jener ausgezeichnete, aber unselige Meister: „Herr Kaiser, laß mir viel Kupfer bringen, daß ich es ganz lauter koche, und statt Zinnes gieb mir so viel dazu nöthig ist an Silber, wenigstens hundert Pfund, so gieße ich dir eine solche Glocke, daß im Vergleich mit ihr diese verstummen soll." Der freigebigste aller Könige, der sein Herz nicht an die Schätze hing, die ihm zuströmten[1], ließ sich leicht zu dem Befehl bewegen, man solle ihm alles geben, was er verlangte. Jener Elende nahm das alles und ging vergnügt davon; dann schmolz und läuterte er das Kupfer, anstatt des Silbers aber that er sorgfältig gereinigtes Zinn dazu, und brachte so in kurzer Zeit von dem gemischten Metalle eine Glocke zu Stande, die noch viel besser war als jene vortreffliche; dann prüfte er sie und zeigte sie dem Kaiser. Dieser bewunderte sie sehr wegen ihrer schönen Form, und befahl den eisernen Klöpfel darin zu befestigen und sie im Glockenthurme aufzuhängen. Als das ohne Verzug geschehen war, und nun der Küster und die übrigen Kirchner, sowie auch Schüler, die da gerade zur Hand waren, sich nach einander anstrengten sie zum Läuten zu bringen, aber ganz vergeblich, da wurde endlich der Meister des Werkes und Urheber so unerhörten Betruges ungeduldig und fing selbst an, an dem Glockenstrang zu ziehen. Und siehe, das Eisen stürzte aus der Mitte heraus und traf mit dem Gewicht seiner Sünden auf seinen Scheitel; durch den schon todten Leichnam drang es durch und kam mit den Eingeweiden und dem Gemächte zur Erde. Das erwähnte Silber aber fand der gerechte Karl und ließ es unter den Bedürftigen an seinem Hofe vertheilen.

30. In jenen Zeiten pflegte man es so zu halten: wo nach kaiserlichem Gebot ein Werk zu unternehmen war, Brücken oder Schiffe zu bauen, oder Fähren, oder schlammige Wege zu rei-

---

[1] Nach Psalm 62, 11.

nigen, zu pflastern oder auszufüllen, dergleichen besorgten die Grafen durch ihre Stellvertreter und Beamten, wenn die Sache nicht von Bedeutung war; den wichtigeren Arbeiten aber, und besonders, wo etwas neu zu bauen war, durfte sich kein Herzog oder Graf, kein Bischof noch Abt auf irgend eine Weise entziehen. Davon geben noch die Ruinen[1] der Mainzer Brücke Zeugniß, welche ganz Europa in gemeinsamer, aber wohl vertheilter Arbeit vollendet hat, die aber die Hinterlist einiger Böswilligen, welche von dem Fährgeld sich unbilligen Sold erwerben wollten, vernichtet hat. Wenn Kirchen, die unmittelbar zum königlichen Gute gehörten, mit Täfelwerk oder mit Wandgemälden zu schmücken waren, so besorgen das die nächsten Bischöfe oder Aebte. Waren sie aber neu zu errichten, so mußten alle Bischöfe, Herzöge und Grafen, auch alle Aebte oder wer sonst königlichen Kirchen vorstand, nebst allen, die Lehen vom Könige hatten, sie vom Grunde bis zum Giebel mit der emsigsten Arbeit aufführen, wie das noch zu merken ist, nicht allein an jener Kirche Gottes, sondern auch an dem Schlosse zu Aachen, und den Wohnungen für alle Leute von jedem Stande, welche um die Pfalz des klugen Karl nach seiner Anweisung so erbaut sind, daß er durch das Gitterwerk seines Söllers alles sehen konnte, was von Eingehenden und Ausgehenden anscheinend verborgen geschah. Aber auch alle Wohnungen seiner Vornehmen waren so hoch von der Erde aufgeführt, daß unter ihnen nicht nur die Lehnsleute seiner Ritter und deren Diener, sondern Leute aller Art vor Schnee und Regen, vor Frost und Hitze sich schützen konnten, und sie doch vor den Augen des scharfsichtigen Karl sich nicht zu bergen vermochten. Doch die Beschreibung des Gebäudes überlasse ich eingeschlossener Mönch euren hochgelehrten Kanzlern, und

---

[1] arcae, vielleicht die Grundmauern der Pfeiler.

wende mich zur Erzählung des göttlichen Gerichts, welches dabei sich ereignete.

31. Der sorgsame Karl also befahl allen Vornehmen der Umgegend, die von ihm abgesandten Werkleute mit allem Fleiße zu unterhalten, und alles zur Arbeit nothwendige ihnen herbeischaffen zu lassen. Diejenigen aber, welche aus weiter Ferne gekommen waren, überwies er dem Liutfrid, seinem Haushofmeister, damit er sie auf öffentliche Kosten nähren und kleiden lasse, und ihnen alles zum Bau erforderliche stets mit größter Sorgfalt verschaffe. So lange nun Karl dort verweilte, that er dies wirklich einigermaßen; wenn aber jener sich entfernte, unterließ er es gänzlich und sammelte von der Arbeit und Plage jener Unglücklichen solche Reichthümer, daß Pluto und Dis den Mammon nicht anders als auf einem Kameele zur Hölle bringen konnten. Das kam so zur Kunde der Menschen. Der glorreiche Karl pflegte zur Frühmette in einem langen und schleppenden Gewande zu kommen, dessen Gebrauch und Name jetzt schon ganz abgekommen ist. Nachdem die Morgenhymnen gesungen waren, kehrte er dann in seine Kammer zurück, und schmückte sich, wie die Zeit es erforderte, mit kaiserlichen Gewändern. Die Geistlichen aber kamen zur Frühmette alle schon so gekleidet, daß sie in der Kirche oder in der Vorhalle, die man damals den kleinen Hof nannte, den Kaiser, wie er in feierlichem Zuge zum Hochamte erschien, wachend erwarten konnten, oder wer es gerade nöthig hatte, legte sein Haupt ein wenig in den Schooß seines Genossen. Unter diesen war ein armer Mann, der das Haus jenes Liutfrid zu besuchen pflegte, um seine Kleider oder vielmehr Lumpen zu waschen und zu flicken, wie solches den Armen am Hofe Noth ist. Dieser schlief auf den Knieen seines Genossen ein, und sah im Traume einen Riesen, größer noch als jener Widersacher des heiligen Antonius, der vom königlichen Hofe über den Bach durch die Furt

nach Liutfribs Haus eilte und ein ungeheueres Kameel, mit
unschätzbarer Ladung belastet, hinüber zng. Entsetzt fragte er
ihn im Traume, woher er komme oder wohin er eile, und
jener antwortete: „Vom Hause des Königs gehe ich nach Liut=
fribs Haus, und will ihn auf diese Ladung setzen, und mit
derselben in die Hölle versenken." Ueber diesem Gesicht er=
wachte der Geistliche, und von noch größerer Furcht erfüllt,
daß der furchtbare Karl ihn nicht schlafend träfe, erhob er sein
Haupt, ermahnte auch die übrigen, wach zu bleiben, und rief
aus: „Wollt ihr meinen Traum hören? Es war mir, als
sähe ich jenen Polyphemus, der auf Erden schreitend, das hohe
Firmament berührt, und mitten im Jonischen Meer seine Hüf=
ten nicht benetzt[1], von diesem Königshofe mit einem beladenen
Kameele nach Liutfribs Hause eilen; und da ich ihn nach der
Ursach seines Weges fragte, so antwortete er: Ich will den
Liutfrid oben auf diese Ladung setzen und zur Hölle führen."
Kaum hatte er ausgeredet, da kam ein Mädchen, allen wohl
bekannt, aus jenem Hause, stürzte ihnen zu Füßen, und bat sie,
der Seele ihres Freundes Liutfrid zu gedenken. Da sie aber
fragten, was es denn mit ihm sei, erwiederte sie: „Meine
Herren, ganz gesund ging er an einen heimlichen Ort, und
da er lange wegblieb, gingen wir hinaus und fanden ihn ge=
storben." Als dem Kaiser sein plötzlicher Tod gemeldet war,
und die Werkleute nebst den übrigen Hausgenossen seinen Geiz
und seine Habsucht nun ohne Scheu an den Tag brachten, ließ
er seine Schätze untersuchen. Man fand deren von unschätz=
barem Werthe, und weil der nächst Gott gerechteste Richter
wußte, auf welche ungerechte Weise sie gesammelt waren, gab
er öffentlich diese Entscheidung: „Von dem, was er andern
durch Ungerechtigkeit entzogen hat, kann nichts zur Erlösung

---

[1] Nach der Aeneide III, 619.

jenes Elenden bienen. Man vertheile es daher unter die Bau=
leute an diesem Bau und die Aermeren unsers Palastes."

32. Zwei Geschichten habe ich noch zu erzählen, die sich
an dem nämlichen Orte ereignet haben. Ein Diakonus, der
nach der Gewohnheit der Cisalpinen[1] gegen die Natur zu
handeln pflegte, ging ins Bad, ließ sich sein Haupt ganz glatt
abscheeren, putzte die Haut[2], reinigte die Nägel, und schnitt
die Haare ganz kurz, wie mit einem Cirkel abgerundet; dann
legte er sehr weißes Leinen und Chorhemd an, und weil er es,
da er an der Reihe war, nicht vermeiden konnte, oder vielmehr,
um dadurch um so mehr zu glänzen, wagte er es freiwillig
vor dem höchsten Gott und seinen heiligen Engeln und im
Angesicht des strengsten Königes und seiner Großen, das Evan=
gelium, wie die Folge zeigte, mit beflecktem Gewissen, zu lesen.
Während er aber las, ließ sich von der Decke eine Spinne an
ihren Fäden plötzlich nieder, traf auf seinen Kopf[3] und zog
sich schnell nach oben zurück. Der strenge Karl bemerkte dieses
zum zweiten und dritten Male, ließ es aber stillschweigend ge=
schehen, und der Geistliche, der aus Furcht vor ihm nicht wagte,
sich zu schützen, besonders weil er glaubte, es sei nicht eine
Spinne, sondern Fliegen, was ihn störe, las das Evangelium
zu Ende, und vollendete auch das Uebrige seines Amtes. Als
er aber die Kirche verlassen hatte, schwoll alsbald sein Kopf
an, und innerhalb einer Stunde starb er. Der fromme Karl
aber legte sich selbst, als eines Todschlags schuldig, eine öffent=
liche Kirchenbuße auf, weil er es gesehen und nicht verhindert
hatte.

33. Der unvergleichliche Karl hatte einen in allen Dingen
unvergleichlichen Geistlichen in seinem Gefolge, von dem man

---

[1] Der Verfasser scheint unter dieser Bezeichnung nach dem römischen Sprachgebrauch die Italiener zu verstehen. — [2] Nämlich der Tonsur.
[3] Nach den zwei anderen Handschriften traf sie ihn mit ihrem Stachel.

sagte, daß er in weltlicher und göttlicher Wissenschaft, in der
Kenntniß des kirchlichen und des scherzhaften Gesanges, und
der Erfindung neuer Gedichte und Melodien, dazu noch in der
süßesten Fülle und unschätzbaren Anmuth seiner Stimme alle
anderen übertraf, was man sonst nie von einem Sterblichen
gesagt hat. Denn der Stifter des Gesetzes selbst, der durch
göttlichen Unterricht aller Weisheit voll war, klagte über die
Schwäche seiner Stimme und das Hinderniß seiner schweren
Zunge[1], und schickte seinen Jünger, der aus der Vollmacht des
in ihm wohnenden Gottes über die Elemente gebot[2], zu Elea=
zar, ihn zu befragen; und Christus unser Herr hat sogar den,
von welchem er gesagt hat[3]: „Unter allen, die von Weibern
geboren sind, ist nicht aufgekommen, der größer sei", in diesem
Leben kein Zeichen thun lassen, und hat gewollt, daß der,
welchem er durch die Offenbarung des Vaters sich selbst zu
erkennen gegeben, und dem er die Schlüssel des Himmelreichs
übergeben hat[4], die Weisheit des Paulus bewunderte[5]; und
den Jünger, welchen er mehr als alle andern liebte, hat er in
solches Zagen verfallen lassen, daß er es nicht wagte, den Ort
seines Begräbnisses zu betreten[6], den doch schwache Frauen
öfters besuchten. Aber diese haben, nachdem geschrieben steht[7]:
„Wer da hat, dem wird gegeben", weil sie erkannten, von
wem sie es hatten, auch das erlangt, was ihnen noch fehlte.
Jener aber, der nicht wußte, woher er es habe, oder, wenn
er es wußte, dem Geber aller guten Gaben nicht nach Gebühr
seinen Dank darbrachte, verlor alles miteinander. Denn da er
einst bem glorreichen Karl, als dessen naher Vertrauter, zunächst
stand, sah man ihn plötzlich nicht mehr, und als nun der sieg=
reiche Kaiser über eine so unerhörte und unglaubliche Begeben=

---

[1] 2. Mos. 4, 10. — [2] Josua, nach 4. Mos. 27, 22 und Jos. 10, 12.
[3] Matth. 11, 11. — [4] Matth. 16, 18. — [5] 2. Petr. 3, 15.
[6] Luc. 24, 12. — [7] Matth. 25, 29.

heit entsetzt, endlich aber sich besinnend, mit dem Kreuze des Herrn sich bezeichnete, fand er an dem Orte, wo jener gestanden hatte, etwas wie eine sehr schwarze und eben erloschene Kohle.

34. Jenes lange Nachtgewand des Kaisers hält uns noch von dem kurzen Kriegskleid zurück. Die Tracht der alten Franken bestand in Schuhen, die außen mit Gold geschmückt, und mit drei Ellen langen Schnüren versehen waren, scharlachenen Binden um die Beine, und darunter leinenen Hosen von derselben Farbe, aber mit kunstreicher Arbeit verziert. Ueber diese und die Binden erstreckten sich in Kreuzesform, innen und außen, vorn und hinten, jene langen Schnüre. Dann ein Hemd von Glanzleinwand[1], und darüber das Schwertgehenk. Dieses Schwert wurde erstlich durch die Scheide, dann durch irgend welches Leder, drittens durch sehr weißes mit hellem Wachse gestärktes Leinen so umgeben, daß es mit seinen in der Mitte glänzenden Kreuzchen zum Verderben der Heiden dauerhaft erhalten wurde. Das letzte Stück ihres Anzuges war ein graues oder blaues Gewand, viereckig und doppelt, so geformt, daß es, über die Schultern gelegt, vorne und hinten die Füße berührte, an den Seiten aber kaum die Kniee bedeckte. Dann trugen sie in der Rechten einen Stab von einem Apfelbaum, mit gleichmäßigen Knoten, schön, stark und schrecklich, mit einem Handgriff von Gold oder Silber mit schöner erhabener Arbeit versehen. In dieser Tracht habe ich, langsamer und mehr als eine Schildkröte träger, da ich nie nach Francien gekommen bin, das Haupt der Franken[2] im Kloster des heiligen Gallus strahlen sehen, und mit ihm zwei goldlockige Früchte seiner Lenden, von denen der früher geborene

---

[1] Latein. clizana; vgl. Lupi ep. 68: lintea quae germanice glizza vocatur.
[2] Nämlich Ludwig den Deutschen; die Söhne sind Karlmann oder Ludwig und Karl. Die Zeit läßt sich nicht mit Sicherheit bestimmen, Dümmler nimmt 857 oder 859 an.

seine Größe erreichte, der jüngere aber allmählich höher wachsend, den Gipfel seines Stammes mit höchstem Ruhme geziert und ihn überragend verdeckt hat. Aber wie die Art des menschlichen Geistes ist, als die Franken, mit den Galliern im Heere gemischt, sahen, wie diese mit bunten Kriegsröcken glänzten, ließen sie aus Freude am Neuen von der alten Sitte ab, und fingen an, sie nachzuahmen. Der strenge Kaiser ließ das einstweilen geschehen, weil ihm jene Kleidung für den Krieg zweckmäßiger erschien. Als er aber bemerkte, daß die Friesen, diese Nachsicht mißbrauchend, jene kurzen Röckchen zu demselben Preise verkauften, wie früher die ganz großen, da befahl er, daß niemand von ihnen etwas anderes kaufen solle als jene gewohnten, überaus langen und weiten Mäntel um den herkömmlichen Preis, und fügte hinzu: „Wozu sind diese Lappen gut? im Bett kann ich mich nicht mit ihnen zudecken; zu Pferde kann ich mich nicht gegen Wind und Regen schützen, und wenn mich ein Bedürfniß der Natur ankommt, verfrieren mir die Beine."

Zweites Buch.

In der Vorrede dieses Büchleins[1] habe ich gelobt, nur drei Gewährsmännern zu folgen. Weil aber der vorzüglichste von ihnen, Werinbert, vor acht Tagen aus diesem Leben geschieden ist[2], und heute, nämlich am 30. Mai, wir verwaiste

---

[1] Diese fehlt leider.
[2] Der Todestag des Mönchs und Priesters Werinbert ist im Totenbuch von St. Gallen zum 24. Mai verzeichnet.

Kinder und Schüler sein Gedächtniß zu begehen haben, möge hier das Buch geschlossen werden, welches aus dem Munde jenes Priesters entnommen ist, über die Frömmigkeit des Herrn Karl und seine Sorge für die Kirche. Das folgende aber, über die Kriegsthaten des streitbaren Karl, werde nach den Erzählungen Adalberts, des Vaters jenes Werinberts, ausgeprägt, der mit seinem Herrn, dem Kerold[1], den hunischen, den sächsischen und den sclavischen Krieg mitgemacht hat, und als er in hohem Alter mich als Knaben aufzog, mich wider Willen und, da ich oft weglaufen wollte, zuletzt mit Gewalt über diese Dinge zu belehren pflegte.

1. Da ich nun nach dem Berichte eines weltlichen und in den Schriften weniger bewanderten Mannes erzählen werde, so scheint es mir nicht unpassend, wenn ich nach den Angaben der Schriftsteller einiges über die älteren Zeiten ins Gedächtniß zurückrufe. Nachdem der gottverhaßte Julian im persischen Kriege durch Gottes Gericht umgekommen war, und vom römischen Reiche nicht nur die überseeischen Provinzen, sondern auch die nächsten, Pannonien, Norikum, Rätien und Germanien, und die Franken oder Gallier abgefallen waren, und nun die Könige der Gallier oder Franken wegen der Ermordung des heiligen Desiderius, Bischofs von Vienna, und der Vertreibung der heiligen Einwanderer, nämlich des Kolumban und des Gallus, hinfällig zu werden anfingen, da drang das Volk der Hunen, welches früher Raubzüge durch Francien und Equitanien, durch Gallien und Hispanien zu machen pflegte, jetzt mit gesammter Macht hervor, alles verwüstend wie eine weit sich verbreitende Feuersbrunst, und was übrig blieb, schleppten sie in die gesichertsten Schlupfwinkel zusammen. Diese waren nämlich so beschaffen, wie der oben genannte Adalbert mir zu

---

[1] Sonst Gerold genannt, ein Schwabe, Bruder der Königin Hildegard. Er fiel 799 im Kampfe gegen die Avaren und wurde in Reichenau begraben.

erzählen pflegte. „Das Land der Hunen, sagte er, war mit neun Reifen umgürtet." Und da ich mir keine andere Reise zu denken wußte, als von Weiden geflochtene, und fragte: „Was war daran wunderbar, Meister?" so antwortete er: „Mit neun Hecken¹ war es befestigt." Auch die kannte ich nur von solcher Art, wie man sie um die Saatfelder zu pflanzen pflegt; fragte ich aber auch danach, so sagte er: „So weit war ein Reif, das heißt, so viel Raum umfaßte er, wie von Zürich² bis Constanz ist; so von Eichen-, Buchen- und Fichtenstämmen aufgebaut, daß er von einem Rande zum andern 20 Fuß breit sich erstreckte, und ebenso viele in die Höhe maß; die ganze innere Höhlung aber wurde mit härtesten Steinen und zähem Lehm ausgefüllt, und die Oberfläche der Wälle mit dichtem Rasen bedeckt. Zwischen ihnen aber wurden kleine Bäume gepflanzt, die, wie man es ja oft sieht, abgehauen und in den Boden gesenkt, doch Blätter und Zweige treiben. Innerhalb dieser Dämme also waren die Ortschaften und Dörfer so gelegen, daß man von einem zum andern eines Mannes Ruf vernehmen konnte. Diesen Ortschaften gegenüber waren zwischen jenen unüberwindlichen Mauern nicht gar breite Thore angebracht, durch welche zu ihren Raubzügen nicht nur die äußeren, sondern auch die nach innen wohnenden auszurücken pflegten. Ferner von dem zweiten Ringe, der ähnlich wie der erste aufgebaut war, erstreckten sich zehn deutsche Meilen, die vierzig italienische ausmachen, bis zum dritten, und so fort bis zum neunten, obgleich jeder folgende viel enger als der vorige war. Auch waren von Ring zu Ring die Besitzungen und Wohnungen überall so eingerichtet, daß man auf jeder die Hornsignale vernehmen konnte. Zu diesen Befestigungen also schleppten sie zweihundert und mehre Jahre hindurch alle Reichthümer des Abendlandes zusammen, und da auch die Gothen und Wan-

---

[1] Notker braucht das deutsche Wort hegin. — [2] de castro Turico.

balen die Ruhe der Menschen störten, ließen sie die westliche Welt fast ganz ausgeleert zurück. Und doch bezwang sie der siegreiche Karl in acht Jahren[1] so völlig, daß er nicht einmal den kleinsten Rest von ihnen übrig ließ. Von den Bulgaren aber zog er deshalb die Hand zurück, weil es nicht wahrscheinlich erschien, daß sie nach Vernichtung der Hunen dem Reiche der Franken Schaden bringen würden. Die Beute, die er in Pannonien fand, vertheilte er mit freigibigster Hand, an die Bisthümer und Klöster.

2. Im sächsischen Kriege aber, als er einstmals in eigener Person dort beschäftigt war, rückten einige Kriegsleute, deren Namen ich auch angeben würde, wenn ich nicht vermeiden wollte als anmaßend zu erscheinen, ihre Schilde zusammen und arbeiteten darunter eifrig an der Zerstörung der Mauern oder Wälle einer sehr festen Burg. Als das der gerechte Karl sah, setzte er den ersten von ihnen, mit der Einwilligung seines Herrn, des Kerold, zum Befehlshaber zwischen dem Rhein und den italischen Alpen, den anderen[2] beschenkte er mit reichen Landgütern.

3. Ebendaselbst hatten die Söhne zweier Herzoge die Wache beim Zelte des Königs und lagen vom Trunke berauscht wie todt da; er aber, der nach seiner Gewohnheit öfter aufwachte und das Lager durchschritt, ging leise und fast unbemerkt in sein Zelt zurück. Am Morgen berief er alle Fürsten des Reiches zu sich und fragte, welche Strafe derjenige verdiene, welcher das Haupt der Franken den Feinden verrathen habe. Da verdammten die erwähnten Herzoge, ganz unkundig dessen was vorgefallen war, einen solchen Menschen zum Tode. Er aber strafte jene mit harten Worten und ließ sie dann unbeschädigt gehen.

---

[1] Diese Zeitbestimmung stimmt überein mit Einhards Leben Karls, Kap. 13.
[2] Dieser zweite Satztheil ist nur in den vermehrten Handschriften.

4. Daselbst waren auch zwei Bastarde aus dem Frauen=
zimmer in Colmar.[1] Als diese nun sehr tapfer kämpften, fragte
sie der Kaiser, wer sie wären und von welcher Abstammung.
Da er es erfahren, ließ er sie um Mittag in sein Zelt rufen
und sagte: „Ihr braven Jünglinge, ich will, daß ihr mir und
keinem anderen dienet." Als sie darauf versicherten, daß sie
nur deshalb gekommen wären, um auch nur die letzten in sei=
nem Dienste zu sein, sagte er: „In meiner Kammer müßt ihr
mir dienen." Auch das erklärten sie, ihren Unwillen verber=
gend, mit Freude thun zu wollen, ersahen sich aber die Zeit,
als der Kaiser zur Ruhe gegangen war, und gingen hinaus
zum Lager der Feinde, wo sie einen Streit erregten und sich
in ihrem und der Feinde Blut rein wuschen von dem Flecken
der Dienstbarkeit.

5. Unter solchen Beschäftigungen unterließ jedoch der groß=
herzige Kaiser keineswegs, bald diese bald jene mit Briefen
oder Geschenken zu den entferntesten Königen zu senden, von
welchen an ihn aller Lande Ehrenbezeugungen gerichtet wur=
den. Da er also auch von dem Schauplatze des sächsischen
Krieges Gesandte an den König von Konstantinopel schickte,
fragte dieser, ob das Reich seines Sohnes Karl in Frieden sei
oder ob es von den benachbarten Völkern angegriffen werde.
Und als der erste der Gesandtschaft berichtete, es sei sonst alles
friedlich, nur ein Volk, die Sachsen genannt, beunruhige die
Grenzen der Franken durch häufige Raubzüge, da sagte der
in Müßiggang versunkene und zur Kriegsführung untaugliche
Mensch: „Ach! warum bemüht sich mein Sohn gegen so we=
nige Feinde ohne Namen und Kraft? Ich schenke dir jenes
Volk mit allem was dazu gehört." Das meldete jener nach
seiner Rückkehr dem kriegerischen Karl, worauf dieser lachend

---

[1] In solchen Räumen wurden auf den Königshöfen die Mägde zu gemein=
samer Arbeit versammelt.

sagte: „Der König hätte viel besser für dich gesorgt, wenn er dir nur eine leinene Hose zu einer so weiten Reise geschenkt hätte."

6. Die Klugheit darf ich nicht verschweigen, die derselbe Abgesandte gegen einen Weisen Griechenlands an den Tag legte. Als er im Herbst einmal mit seinen Gefährten in eine königliche Stadt gekommen war, wurden sie verschieden vertheilt und er selbst bei einem Bischof einquartiert, der immer mit Fasten und Beten sich kasteiete, und den Gesandten durch fast ununterbrochenen Hunger peinigte; als im Frühjahr aber die Witterung schon etwas milder geworden war, stellte er ihn dem Könige vor. Der fragte ihn auch, was er von dem Bischofe halte. Jener aber stieß aus innerster Seele einen tiefen Seufzer aus und sagte: „Gar heilig ist euer Bischof, so weit das ohne Gott möglich ist." Erstaunt fragte der König: „Wie kann denn jemand ohne Gott heilig sein?" Drauf jener: „Es steht geschrieben: Gott ist die Liebe, und die hat der Bischof nicht." Der König lud ihn darauf an seine Tafel ein und gab ihm seinen Platz mitten unter den Fürsten. Diese hatten ein Gesetz eingeführt, daß niemand an der königlichen Tafel, möge er einheimisch oder fremd sein, ein Thier oder einen Theil desselben auf die andere Seite wenden dürfe, sondern nur so wie es ihm vorgelegt war, von oben ab essen müsse. Man brachte ihm aber einen Flußfisch, mit gewürzter Brühe übergossen, auf einer Schüssel; und als der Gast, der jene Sitte nicht kannte, den Fisch auf die andere Seite legte, erhoben sich alle und sprachen zum Könige: „Herr, ihr seid so beschimpft worden, wie eure Vorfahren noch nie." Dieser aber seufzte und sagte zum Gesandten: „Ich kann jenen nicht wehren, daß du nicht unverzüglich zum Tode geführt werdest. Bitte um etwas anderes, was du willst, und ich werde es dir gewähren." Da bedachte er sich ein wenig und rief dann, so

daß alle es hörten, diese Worte aus: „Ich beschwöre euch, Herr Kaiser, daß ihr mir nach euerm Versprechen eine kleine Bitte gewährt." Und der König sagte: „Fordere was du nur immer willst, und du sollst es haben, nur das Leben kann ich dir nicht gegen das Gesetz der Griechen gewähren." Drauf jener: „Um das eine bitte ich, da ich doch sterben muß, daß derjenige, welcher sah, daß ich jenen Fisch umwendete, das Licht der Augen verliere." Erschrocken über eine solche Forderung, schwor der König bei Christus, daß er selbst es nicht gesehen habe, sondern nur denen glaube, die es erzählt hätten. Darauf fing die Königin an sich zu entschuldigen: „Bei der Freude gebenden Gottesmutter, der heiligen Maria, ich habe es nicht bemerkt." Darnach die übrigen Fürsten, der eine noch dem andern zuvorkommend, um einer solchen Gefahr sich zu entziehen, dieser beim Führer der himmlischen Schlüssel, der bei dem Lehrer der Heiden, die übrigen bei der Macht der Engel und allen Schaaren der Heiligen, so suchten sie sich mit erschrecklichen Eiden von dieser Schuld los zu machen. So überwand jener kluge Franke das eitle Hellas am eigenen Heerde, und kehrte siegreich und wohlbehalten in sein Vaterland zurück.

Nach einigen Jahren aber schickte der unermüdliche Karl einen Bischof dahin, einen an Geist und Körper gleich ausgezeichneten Mann, dem er zum Begleiter einen hochadlichen Herzog gab [1]. Diese wurden lange hingehalten, endlich dem König vorgestellt, aber schlecht behandelt und an ganz entlegene Orte vertheilt. Endlich entlassen, kehrten sie mit großem Schaden an ihrem Schiff und Gepäck nach Hause zurück.

Nicht lange nachher schickte derselbe König Gesandte an den glorreichen Karl. Es traf sich aber zufällig, daß gerade jener Bischof mit dem Herzoge beim Kaiser war. Da also die Ankunft der Gesandten gemeldet wurde, gaben sie dem weisen

---

[1] In den erweiterten Haudschriften wird dieser Hugo genannt.

Karl den Rath, sie durch die Alpen und unwegsame Gegenden umherführen zu lassen, bis sie alles verbraucht und verzehrt hätten, und so durch großen Mangel erschöpft vor ihn zu kommen genöthigt würden. Als sie nun ankamen, ließen der Bischof und sein Genosse den Marschall sich in der Mitte seiner Untergebenen auf einen hohen Sessel setzen, so daß man ihn gar nicht für einen andern als den Kaiser halten konnte. Die Gesandten, als sie ihn sahen, warfen sich auf den Boden und wollten ihn begrüßen. Aber von den Dienern zurückgestoßen, wurden sie genöthigt, weiter vorzugehen. Da sahen sie den Pfalzgrafen in der Mitte der Großen zu Gericht sitzen, hielten ihn für den Kaiser und warfen sich auf den Boden. Aber auch von hier wurden sie mit Schlägen vertrieben: „Nicht dieser ist der Kaiser!" riefen die Anwesenden, und weiter vorgehend fanden sie nun den königlichen Truchseß mit schön geschmückten Dienern. Wieder hielten sie ihn für den Kaiser und fielen zur Erde nieder, aber auch hier zurückgestoßen, fanden sie im inneren Gemach die Kämmerer des Kaisers um ihren Herrn, von dem es gar nicht zweifelhaft schien, daß er der Gebieter der Sterblichen sein könne. Doch auch dieser leugnete, daß er das sei, was er auch wirklich nicht war, versprach aber mit den Ersten des Palastes sich zu bemühen, damit sie, wenn es möglich wäre, vor die Augen des erhabenen Kaisers gelangen möchten. Da wurden von der Seite des Kaisers einige abgeschickt, um sie ehrenvoll hineinzuführen. Der glorreiche Karl stand aber an einem hellen Fenster, strahlend wie die Sonne beim Aufgang, mit Gold und edeln Steinen geschmückt, gestützt auf den Heitto. Das war nämlich der Name des Bischofs[1], der früher nach Konstantinopel gesandt

---

[1] Von Basel; er war 811 als Gesandter in Konstantinopel. Von Karls Söhnen aber war Pippin schon am 8. Juli 810 gestorben, Karl starb am 4. Dec. 811. Griechische Gesandte kamen 812 nach Aachen.

war. Von allen Seiten umgab es ihn wie die himmlischen Heerschaaren, nämlich seine drei jungen Söhne, die schon am Reiche Theil erhalten hatten, und die Töchter mit ihrer Mutter, nicht weniger mit Weisheit und Schönheit als mit Geschmeide geziert; Bischöfe unvergleichlich an Gestalt und Tugend, und die durch hohe Abkunft und Heiligkeit vorzüglichsten Aebte; Herzoge aber so wie einst Josua im Lager vom Galgala erschien, und Kriegsleute wie die, welche die Syrer mit den Assyriern aus Samaria verjagten, so daß David, wenn er dort gewesen wäre, mit Recht gesungen hätte[1]: „Ihr Könige auf Erden und alle Leute, Fürsten und alle Richter auf Erden, Jünglinge und Jungfrauen, Alte mit den Jungen sollen loben den Namen des Herrn." Da wurden die Gesandten der Griechen überaus bestürzt, der Athem verging ihnen, und ganz rathlos fielen sie stumm und wie leblos zu Boden. Der gütige Kaiser aber erhob sie und suchte sie durch trostreiche Zusprache zu ermuthigen. Endlich erholten sie sich etwas; als sie aber den einst verhaßten und von ihnen verstoßenen Heitto in solcher Ehre sahen, entsetzten sie sich von neuem und lagen so lange auf der Erde, bis der König ihnen bei dem Herrn der Heerschaaren zuschwor, er werde ihnen in keiner Weise ein Leid zufügen. Durch dieses Versprechen ermuthigt, fingen sie an etwas zuversichtlicher aufzutreten, und in ihr Vaterland heimgelehrt, sind sie nie wieder in unsere Gegenden gekommen. Hier nun glaube ich ausführen zu müssen, wie überaus weise Männer der herrliche Karl in jeder Weise hatte.

7. Da also die Griechen, nachdem die Metten an der Oktave der Theophanie[2] vor dem Kaiser gefeiert waren, insgeheim in ihrer Sprache Gott lobsangen[3], und jener in der

---

[1]) Psalm 148, 11. 12. — [2]) Das Fest der Erscheinung Christi, 6. Januar.
[3]) In den oben erwähnten Handschriften lautet das Folgende so: „mit Antiphonen solcher Melodie und des Inhaltes, wie die, welche beginnt: Veterem hominem u. s. w., da befahl der Kaiser einem seiner Kapläne, der des Griechischen mäch-

Nähe verborgen sich an der Süßigkeit der Lieder ergötzte, befahl er seinen Geistlichen nicht eher etwas zu genießen, bis sie dieselben Antiphonen, ins Lateinische übersetzt, ihm überreicht hätten. Daher kommt es, daß alle aus demselben Tone sind, und in einer von ihnen conteruit für contrivit geschrieben steht. Dieselben Gesandten brachten auch alle Arten von musikalischen Instrumenten nebst verschiedenen anderen Dingen mit sich. Alles das betrachteten sich die Werkleute des einsichtigen Karl, ohne sich etwas merken zu lassen, und bildeten es sehr genau nach; vorzüglich aber jenes vortrefflichste aller musikalischen Instrumente, welches vermittelst eherner Behälter und rindslederner Blasbälge, die wunderbar durch eherne Pfeifen blasen, das Rollen des Donners durch die Kraft des Tones und das leichte Geschwätz der Leier oder Cimbel an Süßigkeit erreichte. Wo das nun aufgestellt wurde, wie lange es gedauert hat, und wie es später unter anderen Verlusten des Staates zu Grunde ging, das schickt sich nicht an diesem Ort und in dieser Zeit zu erzählen.

8. Zu gleicher Zeit wurden auch Gesandte der Perser an ihn geschickt. Diese kannten die Lage des Frankenlandes nicht, und hielten es für ein großes, wenn es ihnen gelänge, das Ufer Italiens zu erreichen, um des Ruhmes der Stadt Rom willen, über welche er herrschte, wie sie erfahren hatten. Und da sie den Bischöfen von Campanien und Tuscien, Emilien und Ligurien, und von Burgund und Gallien, auch den Aebten und Grafen, die Ursache ihrer Ankunft angezeigt hatten, und

---

tig war, er solle denselben Inhalt in derselben Melodie ins Lateinische übertragen, und sorgsam Acht geben, daß jedem Tone der Melodie eine Silbe entspreche, damit, soweit es zu erreichen möglich sei, kein Unterschied statt fände. Daher kommt es u. s. w. Diese Stelle kann nach Zeumers Ansicht nur von Notker selbst herrühren, welcher in der Vorrede zu den Sequenzen ganz ähnliche Ausdrücke braucht, und muß ursprünglich sein, weil sonst dem folgenden Satz seine Begründung fehlt. Ich habe doch nicht gewagt, sie in den Text zu setzen, weil hier die ebenfalls nöthige Stelle über Karls Horchen fehlt.

von ihnen hinterlistiger Weise bald aufgenommen, bald abgewiesen waren, fanden sie endlich nach Verlauf eines vollen Jahres zu Aachen den durch seine Tugenden hochberühmten Karl, ganz ermüdet und erschöpft durch den weiten Umweg. Sie kamen aber dort an in der großen Woche der großen Fasten, und da man sie dem Kaiser gemeldet hatte, hieß er sie bis zum Osterabend warten. Als nun an diesem Hauptfeste jener unvergleichliche Mann ganz unvergleichlich geschmückt war, befahl er, die Männer aus jenem Volke hereinzuführen, welches einst dem ganzen Erdkreis furchtbar war. Dennoch erschien ihnen der herrliche Karl so schrecklich vor allen andern, als ob sie noch nie vorher einen König oder Kaiser gesehen hätten. Er aber nahm sie freundlich auf und gewährte ihnen die Gunst, daß sie wie seine Söhne Freiheit hatten hinzugehen wohin sie wollten, und sich alles zu betrachten, auch nach jedem zu fragen und nachzuforschen. Voll Freude darüber, zogen sie es allen Schätzen des Orients vor, in seiner Nähe zu bleiben, ihn zu betrachten, ihn zu bewundern. Und auf den Söller steigend, der das Hauptgebäude der Kirche umgiebt, schauten sie hinab auf die Geistlichkeit und das Heer, und immer wieder zum Kaiser zurückkehrend, machten sie der Größe ihrer Freude in Lachen Luft, und die Hände zusammenschlagend sagten sie: „Früher haben wir nur Menschen von Erde gesehen, jetzt aber einen goldenen." Dann traten sie zu den einzelnen Fürsten, bewunderten die Neuheit der Gewänder und Waffen, und kamen wieder zu dem noch wunderbareren Kaiser zurück. Als sie solches in der Nacht und am folgenden Sonntage in der Kirche fortwährend gethan hatten, wurden sie am heiligen Tage selbst zu einem herrlichen Mahle des reichen Karl mit den Fürsten Franciens oder ganz Europa's eingeladen. Aber durch die wunderbaren Dinge waren sie doch so betäubt, daß sie sich fast nüchtern wieder erhoben.

Wieder beſtreut' Aurora mit phöbiſchem Lichte die Länder
Rings umher, aufſteigend vom Saffranlager Tithonus[1],

ſiehe, da rüſtet ſich Karl, dem Ruhe und Müßiggang uner=
träglich ſind, zur Jagd der Wiſende oder Auerochſen in den
Forſt zu ziehen und die Geſandten der Perſer mit ſich zu
nehmen. Als dieſe jene ungeheuern Thiere ſahen, wandten ſie
ſich, von großem Schrecken ergriffen, zur Flucht. Aber Karl
der Held erſchrak nicht, ſondern auf ſeinem muthigen Roſſe
ſitzend näherte er ſich einem von den Thieren, zog ſein Schwert,
und verſuchte ihm das Haupt abzuhauen. Aber der Hieb miß=
lang und das furchtbare Thier zerriß dem König Stiefel und
Hoſe, und ſein Bein treffend, obgleich nur mit der Spitze des
Hornes, lähmte es etwas ſeine Schnelligkeit, und entfloh, durch
die vergebliche Wunde gereizt, in eine ſichere, durch Baum=
ſtämme und Felsblöcke geſchützte Schlucht. Und da nun zum
Dienſte des Königs faſt alle ihre Hoſen ausziehen wollten,
verhinderte er ſie daran mit den Worten: „In ſolchem Zu=
ſtand muß ich zur Hilbigard kommen." Iſambard aber, der
Sohn Warins, des Verfolgers eures Schutzheiligen des Oth=
mar, erreichte das Thier, und da er nicht näher hinanzubringen
wagte, durchbohrte er mit der Lanze ſein Herz zwiſchen Hals
und Schulter und übergab das noch zuckende Thier dem Kaiſer.
Der that als bemerke er es nicht, ließ das Wild ſeinen Ge=
fährten, kehrte nach Hauſe, rief die Königin und zeigte ihr die
zerriſſenen Hoſen mit den Worten: „Was verdient der Mann,
welcher mich von einem Feinde, der mir das gethan, befreit
hat?" Und da ſie erwiederte: „Alles Gute", erzählte der
Kaiſer ihr alles der Reihe nach, und die ungeheuren Hörner
als Wahrzeichen ihr vorlegend, bewegte er die Herrſcherin zu
Thränen und Seufzern, und daß ſie an ihre Bruſt ſchlug.
Als ſie nun gehört hatte, daß der damals verhaßte und aller

---

[1] Aus Virgils Aeneide IV, 6 und 585.

Ehren beraubte Isambard den Kaiser an solchem Gegner gerächt hatte, warf sie sich diesem zu Füßen und erlangte für Isambard alles zurück, was ihm genommen war, auch fügte sie selbst noch Geschenke hinzu.

Die Perser aber brachten dem Kaiser einen Elephanten und Affen, Balsam, Narden und verschiedene Salben, Gewürze, Wohlgerüche und die mannigfachsten Heilmittel, so daß sie den Orient ausgeleert und den Westen angefüllt zu haben schienen. Und da sie sehr vertraut mit dem Kaiser zu verkehren anfingen, sprachen sie eines Tages, als sie schon fröhlicher waren und von starkem Graecinger[1] erhitzt, zum Karl, der immer mit Ernst und Mäßigkeit gewappnet war, scherzhafter Weise solche Worte: "Sehr groß ist freilich euere Macht, o Kaiser, aber doch viel kleiner als der Ruf, der von euch die Reiche des Orients erfüllt hat." Als jener das vernommen hatte, verbarg er seinen tiefen Unwillen und fragte sie scherzend: "Warum sprechet ihr so, meine Söhne? oder warum erscheint euch das so?" Jene aber, von Anfang anhebend, erzählten ihm alles, was ihnen diesseit des Meeres begegnet war, und sagten: "Wir Perser und Meder, Armenier und Inder, Parther und Elamiter und alle Völker des Ostens, fürchten euch noch viel mehr als unsern Herrn den Aaron[2]. Von den Macedoniern aber oder Achivern, was sollen wir von denen sagen? die schon von Tage zu Tage größere Furcht empfinden, von euerer Größe verschlungen zu werden, als von den Fluthen des Jonischen Meeres. Auf den Inseln aber, die wir auf unserer Reise berührt haben, sind alle so bereit zu euerem Dienst und so eifrig, als wären sie in euerer Pfalz aufgewachsen und mit allen Wohlthaten überhäuft. Aber hier zu Lande scheint es uns, daß die Großen nicht viel um euch sich kümmern, ausge-

---

[1] Lateinisch graecingario, was nach Müllenhoff das altdeutsche grůzzing sein und Bier bedeuten soll. — [2] Harun Arraschit, den Kalifen.

nommen in euerer Gegenwart. Denn wenn wir, als Fremde, sie zuweilen ersuchten, uns um euretwillen, da wir ja euch aufsuchen wollten, einige Freundlichkeit zu erweisen, so ließen sie uns ohne Hülfe und Beistand ziehen." Da entsetzte der Kaiser alle Grafen und Aebte, bei denen die Gesandten auf ihrer Reise vorgesprochen hatten, ihrer sämmtlichen Ehren; die Bischöfe aber strafte er um unerschwingliche Geldsummen. Aber die Gesandten ließ er mit großer Sorgfalt und vielen Ehren bis zu ihrer Grenze zurück geleiten.

9. Auch von dem Könige von Afrika kamen Gesandte zu ihm, welche einen Marmarischen Löwen und einen Numidischen Bären, nebst Iberischem und Tyrischem Purpur und andern Erzeugnissen jener Lande brachten. Diese und die von fortwährendem Mangel gedrückten Einwohner Libyens beschenkte dagegen der freigebige Karl mit den Reichthümern Europens, nämlich mit Korn, Wein und Oel, nicht nur dieses Mal, sondern auch während seiner ganzen Lebenszeit, und mit reichlicher Gabe sie ernährend, erhielt er sie sich unterworfen und getreu immerdar, und bekam von ihnen ansehnlichen Tribut. Ferner aber an den Kaiser der Perser schickte der unermüdliche Karl hispanische Pferde und Maulthiere, friesische Tuche von weißer, grauer, bunter und blauer Farbe, die, wie er vernahm, dort zu Lande selten und sehr kostbar sind; auch Hunde von besonderer Schnelligkeit und Wildheit, wie jener selbst sie gewünscht hatte, um Löwen und Tiger zu fangen oder zu hetzen. Die übrigen Geschenke nun sah Aaron nur obenhin an, und fragte dann die Gesandten, was für wilde Thiere diese Hunde zu bekämpfen pflegten. Und da er zur Antwort erhielt, daß sie alles, wogegen sie losgelassen würden, unverzüglich zerrissen, erwiederte er: „Das wird sich bei der Probe zeigen." Und siehe da, am folgenden Tage erhob sich ein großes Geschrei von Hirten, die vor einem Löwen flüchteten. Als man das

am Hofe des Königs vernahm, sagte er zu den Gesandten: „O ihr fränkischen Genossen, besteigt eure Pferde und folget mir." Und sogleich, als hätten sie gar keine Anstrengung oder Ermüdung ausgestanden, folgten sie rüstig dem Könige. Wie sie nun zur Ansicht des Löwen, doch von ferne, gekommen waren, sagte der Fürst der Fürsten: „Hetzet eure Hunde auf den Löwen." Sie folgten dem Befehl, und eifrigst hinzueilend, tödteten sie den von germanischen Hunden gepackten persischen Löwen mit ihren zum blutigen Handwerk aus nordischem Stahl geschmiedeten[1] Schwertern. Als das Aaron sah, der tapferste Erbe seines Namens, erkannte er an der kleinen Probe die Stärke Karls, und rief zu seinem Lobe diese Worte aus: „Jetzt erkenne ich, wie wahr das ist, was ich von meinem Bruder Karl gehört habe, nämlich, daß er durch rastloses Jagen und unermüdete Anstrengung zur Uebung des Körpers und des Geistes alles was unter der Sonne ist zu bezwingen gewohnt ist. Was denn kann ich ihm zurücksenden, das seiner würdig wäre, der mich so hat ehren wollen? Wollte ich ihm das Land geben, das dem Abraham verheißen und dem Josua verliehen ist, so kann er es doch der weiten Entfernung halber nicht gegen die Barbaren vertheidigen; oder wenn er nach seiner Großherzigkeit anfängt es zu vertheidigen, so fürchte ich, möchten die dem Frankenreiche benachbarten Provinzen von seiner Herrschaft sich losreißen. Aber dennoch will ich versuchen auf solche Weise seiner Freigebigkeit zu entsprechen. Ich werde das Land in seine Gewalt geben und ich will sein Vogt darüber sein; er selbst aber möge seine Gesandten an mich schicken, wann es ihm gefällt oder ihm am passendsten erscheint, und er wird mich als den treuesten Verwalter der Einkünfte jenes Landes erfinden." So geschah es

---

[1] Nach jenen zwei Handschriften „im Blute der Sachsen gehärteten."

also, daß, was der Dichter einst als unmöglich aussprach[1], es werde nämlich

Trinken der Parther des Araris Fluth, der Germane den Tigris, durch die Thätigkeit des starken Karl, die Hin- und Rückreise seiner Gesandten sowohl, wie der des Aaron von Parthien nach Germanien und von Germanien nach Parthien, für Jünglinge, Knaben und Greise nicht nur möglich, sondern sogar sehr leicht erschien, welchen Araris nun auch die Grammatiker annehmen wollen, nämlich den, welcher sich in den Rhein ergießt, oder den Nebenfluß des Rhoban, weil das diejenigen verwechseln, welche die Gegenden nicht kennen. Zum Zeugniß hierfür werde ich ganz Germanien aufrufen, welches zu den Zeiten eueres glorreichen Vaters Hludowich genöthigt wurde, von jeder Hufe königlichen[2] Landes einen Denar zu geben zur Auslösung der Christen, welche das Land der Verheißung bewohnen, und dieses wegen der alten Herrschaft eueres Ahnherrn Karl und eures Großvaters Hludowich kläglich von ihm erflehten.

10. Und da sich so ein Anlaß dargeboten hat, eures unvergleichlichen Vaters ehrenvoll zu erwähnen, will ich auch die Weissagung anführen, welche der weise Karl über ihn ausgesprochen hat. Als er nämlich die ersten sechs Jahre im Hause seines Vaters sehr sorgfältig aufgezogen war, und man ihn schon nicht mit Unrecht für weiser hielt als Männer von sechzig Jahren, da nahm sein gütiger Vater, der es kaum erwarten konnte ihn dem Großvater vorzuführen, ihn von der Mutter, die ihn bis dahin sehr sorgsam behütet hatte, und begann ihn zu unterweisen, wie ernsthaft und ehrerbietig er sich vor dem Kaiser betragen, und wenn er um etwas gefragt werde, ihm antworten und ihm gehorsam sein müsse; und so führte er ihn

---

[1] Virgils Eklogen I, 63.
[2] In den zwei abweichenden Handschriften steht legallum, also von echtem Eigengut. Die Sache ist sonst nicht bekannt.

zur kaiserlichen Pfalz. Als nun am ersten oder zweiten Tage der Kaiser ihn unter den übrigen Umstehenden mit forschendem Blicke betrachtete, sagte er zu seinem Sohne: „Wessen ist der Knabe?" Und da jener erwiederte: „Meiner, Herr, und euerer, wenn ihr ihn für würdig haltet"; bat er ihn sich aus mit den Worten: „Gieb ihn mir". Das geschah, und der erhabene Kaiser küßte das Knäblein, und ließ ihn wieder an seinen vorigen Platz gehen. Dieser erkannte gleich seine Würde, und verschmähte es jemandem nächst dem Kaiser nachzustehen; er faßte Muth, nahm eine sorgfältige Haltung an, und stellte sich in gleicher Reihe neben seinen Vater. Der kluge Karl bemerkte das, rief seinen Sohn Hludowich, und hieß ihn seinen Namensgenossen fragen, warum er das thue, und mit welcher Zuversicht er sich herausnehme, seinem Vater sich gleich zu stellen. Jener aber gab die verständige Antwort: „Als ich euer Vasall war, stand ich, wie sich's gebührte, euch nach, zwi=schen meinen Genossen; jetzt aber als euer Genosse und Ge=fährte stelle ich euch mit Recht mich gleich." Als Hludowich dies dem Kaiser berichtet hatte, sprach dieser die Worte aus: „Wenn der Kleine am Leben bleibt, so wird etwas Großes aus ihm werden." Diese Worte, welche eigentlich von Am=brosius gesagt sind[1], haben wir deshalb entlehnt, weil, was Karl sagte, nicht ganz genau ins Lateinische übersetzt werden kann. Und nicht ohne Grund habe ich die Weissagung über den heiligen Ambrosius auf den großen Hludowich angewandt, weil er, ausgenommen die Dinge und Thaten, ohne die der irdische Staat nicht bestehen kann, die Ehe nämlich und den Gebrauch der Waffen, in allen Stücken dem Ambrosius ganz ähnlich war; sogar, insoweit die Macht des Königthums ihn befähigte, in den Bemühungen für das Christenthum, wenn man so sprechen darf, gewissermaßen größer, nämlich im Glau=

---

[1] In dem Leben des heiligen Ambrosius, von Paulinus, Kap. 2.

ben gut katholisch, eifrig im Gottesdienst, ein Genosse der Knechte Christi, und ihr unermüdeter Schützer und Vertheidiger. Dies bewährte sich, als sein Getreuer, unser Abt Hartmut, der jetzt in verschlossener Zelle lebt, ihm berichtete, wie die Güter des heiligen Gallus, nicht aus königlichen Gaben, sondern aus den Geschenken von Privatleuten zusammengekommen, weder das Vorrecht anderer Klöster noch das gemeinsame Recht aller Völker hätten, und darum keinen Vertheidiger oder Vogt hätten finden können. Da stellte er sich allen unsern Feinden entgegen, und schämte sich nicht, sich vor allen seinen Fürsten für den Vogt unserer Niedrigkeit zu erklären. Damals richtete er auch an euch einen Brief, des Inhalts, daß durch eure Vollmacht uns gestattet sein sollte, unser Besitzrecht, so oft es nöthig sei, durch erzwungene eibliche Aussagen zu erhärten[1]. Doch wehe! wie thöricht bin ich, daß ich wegen der besondern Güte die er uns erwiesen hat, von seiner allgemeinen unbeschreiblichen Güte, Größe und Großmüthigkeit unverständiger Weise abgeschweift bin, verlockt durch die Freude über unsers Hauses Gut.

11. Hludowich also, der König oder Kaiser über ganz Deutschland, Rhätien und das alte Frankenland, nicht minder über Sachsen, Thüringen, Norikum, Pannonien und alle Völker des Nordens, war von trefflichem Wuchs und schöner Gestalt; seine Augen leuchteten wie Sterne, seine Stimme war hell und durchaus männlich, und besondere Weisheit zeichnete ihn aus, die er unablässig, mit scharfem Verstande ausgerüstet, wie er war, durch fleißiges Forschen in den Schriften zu vermehren bestrebt war. Darum bewies er auch eine unvergleichliche Gewandtheit, den Nachstellungen seiner Feinde zuvor zu kommen, oder sie zu überwinden, die Streitigkeiten seiner Unterthanen

---

[1] Dieses Schreiben vom 9. April 873, ist noch im Original vorhanden; ebenso der Schutzbrief vom 1. Februar d. J., beide aus Frankfurt erlassen.

zu schlichten, und auf alle Weise für das Wohl seiner Getreuen zu sorgen. Gegen alle Heiden rings umher bewies er sich fortwährend noch furchtbarer als seine Vorfahren, und mit Recht, da er gegen Christen niemals seine Zunge durch einen Urtheilspruch oder seine Hand durch Blutvergießen befleckte, ausgenommen einmal, wo die höchste Noth ihn drängte. Davon aber wage ich nicht zu erzählen, ehe ich einen kleinen Hludowich oder ein Karlchen neben euch stehen sehe[1]. Doch nach jener Blutthat war er auf keine Weise mehr zu bewegen, ein Todesurtheil auszusprechen. Dennoch aber pflegte er diejenigen, welche der Untreue oder einer Verschwörung angeklagt waren, mit solcher Strenge zu strafen, daß er sie ihrer Ehren beraubte, und durch keinen Anlaß, durch keine Länge der Zeit erweicht, sie je wieder zu ihrem vorigen Range sich erheben ließ. Zum Gebet und Fasten, und zum Dienste Gottes war er vor allen andern Menschen so eifrig, daß er nach dem Beispiel des heiligen Martin[2], was er auch anderes thun mochte, immer den Herrn im Gebet vor Augen zu haben schien. Des Fleisches und feinerer Speisen enthielt er sich an bestimmten Tagen. Zur Zeit der Litanieen aber pflegte er dem Kreuze von seiner Pfalz aus barfuß zu folgen bis zur Pfarrkirche, oder nach Sankt Hemmeram, wenn er nämlich in Reganesburg war. An anderen Orten aber wich er nicht von der Gewohnheit der Einwohner ab. Neue Kirchen erbaute er in Franconofurt und in Reganesburg von wunderbarem Bau, und als wegen der Größe des Werkes die übrigen Steine nicht genügten, ließ er die Mauern der Stadt niederreißen. Da fand er in den Höhlungen derselben so viel Gold bei alten Gebeinen, daß er nicht

---

[1] Ludowiculum vel Carolastrum. Die ähnliche Stelle im zwölften Kapitel scheint zu beweisen, daß der Verfasser die Nachfolge im Reiche gesichert sehen will, ehe er die noch nicht ganz überwundenen Gefahren im Reiche berührt. Und so mag diese Stelle auf die blutige Bestrafung der Stellinga 834 gehen; f. Simson, Karl der Große II, 614. — [2] Sulpicii Sev. V. S. Mart. c. 26.

nur die Kirche damit ausschmückte, sondern auch ganze Bücher davon schreiben[1] und mit Deckeln desselben Stoffes fast von Fingerdicke bedecken ließ. Kein Geistlicher, der nicht zu lesen und zu singen verstand, wagte vor ihm zu bleiben, ja auch nur ihm vor die Augen zu kommen. Mönche aber, die ihr Gelübde nicht beobachteten, verachtete er eben so sehr, wie er treuen Bewahrern desselben seine ganze Liebe zuwandte. So voll war er immer aller Fröhlichkeit und Lieblichkeit, daß wer traurig zu ihm kam, durch seinen bloßen Anblick oder noch so wenige Worte erheitert ihn verließ. Wenn aber einmal etwas Unschickliches oder Unpassendes in seiner Nähe plötzlich geschah, oder es sich traf, daß er dergleichen von anderm Orte erfuhr, so brachte er durch den bloßen Blick seiner Augen alles so rasch zur Ordnung, daß man nicht bezweifeln konnte, was von dem ewigen Richter der Herzen geschrieben steht[2]: „Ein König, der auf dem Stuhl sitzt zu richten, zerstreut alles Arge mit seinen Augen" — das sei, über das sonst den Sterblichen verliehene Maaß hinaus, in ihm zur Erfüllung gekommen. So viel will ich hier als Abschweifung in kurzem über jenen gesagt haben; bleibt mir aber das Leben, so gedenke ich mit Gottes Hülfe noch vieles ausführlich über ihn zu schreiben.

12. Jetzt kehren wir zu unserm Gegenstand zurück. Während der Kaiser Karl wegen der häufigen Ankunft von Fremden und der Feindseligkeiten der unbezähmbaren Sachsen, auch der Räubereien und des Seeraubes der Nordmannen und Mauren, etwas länger zu Aachen verweilte, der Krieg gegen die Hunen aber unterdessen von seinem Sohne Pippin geführt wurde, kamen vom Norden barbarische Völker und verwüsteten einen großen Theil von Norikum und Ostfranken. Als jener das erfuhr, bemüthigte er in eigner Person sie alle so kräftig, daß er auch Kinder und Knaben nach dem Schwerte zu messen

---

[1] Mit Goldschrift wie es scheint. — [2] Sprüche Salomonis 20, 8.

befahl, und alle, welche größer als dieses Maaß befunden wurden, das Haupt verlieren mußten¹. Aus dieser That entstand ein anderes viel größeres und herrlicheres Ereigniß. Als nämlich der heiligste Großvater eurer Herrlichkeit das Leben verließ, waren etliche Riesen, wie nach der Schrift sie wegen des Zornes Gottes von den Söhnen Seth mit Töchtern Kains gezeugt sind², aufgebläht durch den Geist des Hochmuthes, und ohne Zweifel denen zu vergleichen, welche sprachen³: „Was haben wir denn Theils an David oder Erbe am Sohne Isais?" Diese verachteten seine untadelhaften Erben und suchten jeder für sich die Herrschaft des Reiches sich anzumaßen und die Krone zu tragen. Da widersprachen einige vom mittleren Adel auf göttlichen Antrieb, weil der ruhmreiche Kaiser Karl einst die Feinde der Christen nach Schwerteslänge gemessen habe, und deshalb, so lange von seinem Stamme einer sich finde, der Schwertes Länge habe, dieser über die Franken, vielmehr über ganz Germanien herrschen müsse, und jene teuflische Partei wurde, wie vom Blitze getroffen, aus einander getrieben.

Karl aber wurde nach dem Siege über die auswärtigen Feinde von den Seinigen mit listigem, aber doch vergeblichem Truge umgarnt. Als er nämlich von den Sclaven nach Reganesburg⁴ zurückgekehrt war, wurde er von seinem Sohne, den ihm ein Kebsweib⁵ geboren hatte, und der von seiner Mutter mit bedenklichem Vorzeichen den Namen des glorreichen Pippin erhalten hatte, fast gefangen und so viel an ihm lag dem Tode überantwortet. Das wurde auf folgende Weise entdeckt. Als er die Großen in der Peterskirche versammelt und über den Mord des Kaisers mit ihnen Rath gepflogen hatte,

---

¹) Dasselbe wird von Chlothar erzählt. S. Deutsche Sagen II, 94. Nach der unten folgenden Erzählung von den Ereignissen in Regensburg 792 sind die Slaven gemeint, gegen welche aber damals Karl nicht Krieg geführt hat.
²) 1. Mos. 6, 4. — ³) 1. Kön. 12, 16. — ⁴) Hier Regina genannt.
⁵) Himiltrud, welche aber ursprünglich als seine echte Gemahlin betrachtet wurde.

ließ er nach Beendigung der Berathung, da ihm nichts sicher genug dünkte, nachforschen, ob auch irgendwo jemand in den Winkeln oder unter den Altären verborgen wäre; und siehe, sowie sie befürchtet hatten, fanden sie einen Geistlichen unter einem Altare verborgen. Diesen ergriffen sie und nöthigten ihn zu schwören, daß er ihr Unternehmen nicht verrathen wolle. Um sein Leben zu retten, weigerte er sich nicht zu beschwören was sie ihm vorsprachen. Aber als sie sich entfernt hatten, achtete er des gottlosen Eides nicht und eilte zur Pfalz. Hier drang er mit der größten Schwierigkeit durch sieben Schlösser und Thüren endlich zum Schlafgemach des Kaisers, und an die Thüre klopfend, setzte er den immer wachsamen Karl in das größte Erstaunen, wer es doch wage ihn zu dieser Zeit zu beunruhigen. Doch befahl er den Frauen, die zum Dienste der Königin und seiner Töchter ihn zu begleiten pflegten, daß sie hinausgingen, um zuzusehen, wer an der Thüre sei und was er verlange. Sie gingen hinaus, und da sie eine ganz geringe Person sahen, verschlossen sie die Thür und suchten mit unendlichem Gelächter, den Mund mit ihren Kleidern bedeckend, in den Ecken des Gemaches sich zu verbergen. Aber der kluge Kaiser, dem nichts auf der Erde zu entgehen vermochte, fragte die Frauen genau, was sie hätten oder wer an die Thüre klopfe. Und da ihm geantwortet wurde, es sei ein abgeschorener, dummer, verrückter Schelm, der nur Hemd und Hosen anhabe und unverzüglich den Kaiser zu sprechen verlange, da befahl er ihn hereinzuführen. Der nun fiel ihm gleich zu Füßen und eröffnete ihm alles nach der Ordnung. Jene Verschwörer aber, die nichts weniger erwarteten, wurden vor der dritten Stunde des Tages alle mit der verdientesten Strafe belegt oder in die Verbannung geschickt. Auch der bucklige Zwerg Pippin wurde unbarmherzig gegeißelt, geschoren, und zur Strafe auf einige Zeit in das Kloster des heiligen Gallus geschickt, das

Verschwörung des Bastards Pippin.

unter allen Orten des weiten Reiches am ärmsten und kleinsten zu sein schien.

Nicht lange nachher wollten einige der Ersten unter den Franken Hand an den König legen. Da ihm dieses keineswegs verborgen blieb und er sie doch ungerne verlieren wollte, weil sie bei gutem Willen dem Christenvolke ein starker Schutz sein konnten, so schickte er Gesandte an denselben Pippin, ihn zu fragen, was er mit ihnen machen solle. Diese fanden ihn mit den älteren Brüdern im Garten, während die jüngeren durch wichtigere Geschäfte abgehalten wurden, beschäftigt Nesseln und anderes Unkraut mit einer Hacke auszujäten, damit die guten Kräuter um so besser wachsen könnten, und hier meldeten sie ihm die Ursache ihrer Ankunft. Da seufzte er tief, wie ja die Schwachen gewöhnlich leichter als die Starken zu erzürnen sind, und erwiederte: „Wenn Karl meinen Rath wollte, so würde er mich nicht zu solcher Schmach verdammen. Ich habe ihm nichts zu melden. Sagt ihm, womit ihr mich beschäftigt fandet." Jene aber fürchteten sich ohne eine bestimmte Antwort zu dem schrecklichen Kaiser zurückzukehren, und fragten ihn wiederholt, was sie ihrem Herrn melden sollten. Da sagte er grollend: „Nichts anderes lasse ich ihm melden, als was ich thue. Das unnütze Kraut reiße ich aus, damit die brauchbaren Kräuter besser wachsen können." Sie zogen also traurig ab, als ob sie nichts vernünftiges mitbrächten. Da sie aber zum Kaiser kamen und befragt wurden, was sie brächten, klagten sie, daß sie für einen so weiten Weg und Reise nicht einmal um ein einziges Wort klüger heimkämen. Als nun der kluge Kaiser sie nach der Reihe fragte, wo sie ihn gefunden hätten und womit beschäftigt, und was er ihnen geantwortet habe, da sprachen sie: „Auf einem Bauerndreifuß saß er und bearbeitete mit einer Hacke ein Gemüsebeet, und da wir ihm den Grund unserer Reise vortrugen, konnten wir mit unsern bringenden Bitten nur diese Antwort von ihm erlangen: „Nichts anderes, sagte er, lasse ich ihm melden, als was ich thue. Die unnützen Kräuter reiße ich aus, damit die brauchbaren desto besser wachsen können." Als das der mit Scharfsinn und Weisheit hoch begabte Kaiser gehört hatte, rieb er sich die Ohren, athmete heftig auf und sagte: „Eine verständige Antwort habt ihr mir gebracht, treffliche Vasallen." Während jene also Gefahr für ihr Leben fürchteten, brachte er den Inhalt der Worte zur Ausführung, nahm alle jene Verschwörer aus der Mitte der Lebenden hinweg und verlieh die vorher von jenen Unfruchtbaren eingenommenen Plätze seinen Getreuen, um zu wachsen und sich auszubreiten[1]. Einen der Feinde aber, der sich den höchsten Berg im Frankenland, und alles, was man von da übersehen könne, zum Besitze ausersehen hatte, ließ er auf demselben Berge an einem hohen Galgen aufknüpfen; seinen Bastard Pippin aber hieß er sich erwählen, wie er sein Leben zubringen wolle. Als ihm die Wahl freigestellt war, ersah er sich einen Platz in einem damals hochansehnlichen Kloster, welches jetzt, man weiß wohl, durch welche Veranlassung, zerstört ist.[2] Doch darüber werde ich nicht eher etwas schreiben, als bis ich euer Bernhardchen[3] mit einem Schwerte umgürtet erblicken werde.

Der großherzige Karl aber war unwillig, daß man ihn veranlaßt hatte, selbst gegen jene barbarischen Völker auszuziehen, da der erste beste seiner Anführer ihm dazu hinreichend im Stande schien. Und mit Recht, wie ich durch die That eines meiner Landsleute beweisen werde. Es war ein Mann aus dem Thurgau,[4] nach seinem Namen schon ein bedeutender Theil eines furchtbaren Heeres — er hieß nämlich Eis-

---

[1] Die Geschichte scheint nach der Erzählung von Sextus Tarquinius bei Livius I, 54 gebildet zu sein. — [2] Prüm, 882 von den Nordmannen zerstört.
[3] Karls III Bastard. — [4] Durgowa.

here¹ — so groß gewachsen, daß man hätte glauben können, er sei vom Stamme Enaks, wenn die Entfernung von Zeit und Ort nicht so groß wäre. So oft er an den Thurfluß² kam, wenn dieser durch Gießbäche aus den Alpen angeschwollen war und über seine Ufer trat, und er nun sein gewaltiges Roß, ich will nicht sagen in die Strömung, aber auch gar nicht in das Wasser zu treiben vermochte, so nahm er es beim Zügel und zog es schwimmend nach sich, mit den Worten: „Beim Herrn Gallus, du sollst mir folgen, du magst wollen oder nicht." Als dieser also im Gefolge des Kaisers mitzog, mähte er die Bemanen, Wilzen und Abaren wie das Gras auf der Wiese und spießte sie wie Vögelchen auf seine Lanze. Siegreich nach Hause gekehrt, sagte er, wenn ihn die Müßiggänger fragten, wie es ihm im Wendenlande gefallen habe, ärgerlich darüber und voll Verachtung der Feinde: „Was soll ich mit diesen Kröten? Sieben oder acht oder auch neun von ihnen spießte ich auf meine Lanze, und trug sie hierhin und dorthin, weiß nicht, was sie dazu brummten; unnützer Weise haben der Herr König und wir uns gegen solche Würmer abgemüht."³

13. Um dieselbe Zeit, als der Kaiser die letzte Hand an den Hunenkrieg legte und die ebengenannten Völker zur Unterwerfung nöthigte, brachten die Einfälle der Nordmannen den Galliern und Franken große Unruhe. Der siegreiche Karl aber gedachte sie nach seiner Rückkehr von der Landseite in ihrer Heimath anzugreifen, obgleich der Weg sehr mühsam und beschwerlich war. Aber sei es nun, daß die Vorsehung Gottes ihn hinderte, damit nach der Schrift⁴ Israel durch diese versucht werde, oder daß unsere Sündhaftigkeit Schuld war, alle seine Versuche waren fruchtlos, so sehr, daß, um ein Beispiel

---

¹) D. h. schrecklich. J. Grimm, Mythologie S. 523. Ein Basall eines Jring mit diesem Namen wird aus einer Freisinger Handschrift in Pertz' Archiv VII, 812 angeführt. — ²) Dura. — ³) Vgl. die deutschen Sagen der Brüder Grimm I, 25.
⁴) Richter 2, 22.

von den Unglücksfällen des ganzen Heeres anzuführen, bei dem Zuzug eines einzigen Abtes in einer Nacht 50 Paar Ochsen durch eine plötzlich einbrechende Seuche fielen. Karl also, der weiseste aller Männer, um nicht gegen das Gebot der Schrift[1] wider den Strom zu streben, ließ von dem Unternehmen ab. Während er nun aber lange Zeit hindurch sein weites Reich durchzog, fiel Gobefrid, der König der Nordmannen, durch seine Abwesenheit ermuthigt, in die Grenzen des Frankenreiches ein, und erkor den Moselgau zum Sitze seines Reiches.[2] Eines Tages aber, da er eben seinen Falken von einer Ente los machen wollte, ereilte ihn sein Sohn, dessen Mutter er eben verstoßen hatte um eine andere Frau zu nehmen, und hieb ihn mitten durch.[3] Nach dieser That, so wie einst nach dem Tode des Holofernes, wagte keiner mehr sich auf seinen Muth oder die Waffen zu verlassen, sondern sie suchten ihr Heil nur in der Flucht, und so wurde das Frankenland ohne sein Zuthun befreit, auf daß es sich nicht wie das undankbare Israel wider Gott rühmte.[4] Aber der unbesiegte und nie zu besiegende Karl gab freilich Gott die Ehre für ein solches Gericht, doch beklagte er sich sehr, daß wegen seiner Abwesenheit einer von ihnen entkommen sei. „O weh! sagte er, daß ich nicht habe sehen dürfen, wie mein Christenvolk mit jenen Hundsköpfen gespielt hätte."

14. Es traf sich auch einst, daß Karl auf einer Rundreise unvermuthet in eine Stadt des Narbonensischen Galliens kam. Während er nun bei der Mahlzeit war, aber ohne, daß man es wußte, kamen nordmannische Kundschafter um eines Freibeuterzuges willen an den Hafen. Als man die Schiffe sah, und einige sie für jüdische, andere für afrikanische, noch an=

---

[1] Jesus Sirach 4, 31. — [2] Das ist eine Fabel.
[3] Er wurde im Jahre 810 erschlagen, aber von einem seiner Vasallen.
[4] Richter 7, 2.

bere für brittannische Kauffahrer erklärten, erkannte der weise Kaiser gleich an ihrer Ausrüstung und Behendigkeit, daß sie keine Kauffahrer, sondern Feinde waren, und sprach zu den Seinigen: „Die Schiffe sind nicht mit Waaren angefüllt, sondern mit den schlimmsten Feinden trächtig." Auf diese Worte eilten sie schnell zu den Schiffen, jeder suchte dem andern zuvorzukommen. Aber vergeblich; denn kaum hatten die Nordmannen erfahren, daß er anwesend war, Karl der Hammer, wie sie ihn zu nennen pflegten, so mieden sie, damit nicht alle ihre Waffen an ihm stumpf würden oder in kleine Stücke zerschellten, mit unvergleichlich rascher Flucht nicht nur die Schwerter, sondern auch die Blicke der Verfolger. Der fromme Karl aber, der gerechte und gottesfürchtige, stand vom Tische auf und stellte sich an das Fenster nach Osten. Hier weinte er lange Zeit, und da niemand ihn anzureden wagte, sagte er endlich selbst zu seinen kriegerischen Fürsten, damit er ihnen solche Haltung und Thränen erkläre: „Wißt ihr wohl, o meine Getreuen, worüber ich so sehr geweint habe? Nicht das, sprach er, befürchte ich, daß diese Thoren, diese Nullen, mir etwas zu schaden vermögen, sondern das betrübt mich, daß sie es gewagt haben bei meinen Lebzeiten dieses Ufer zu berühren, und ich werde von heftigem Schmerze ergriffen, weil ich vorhersehe, wie viel Schaden sie meinen Nachkommen und deren Unterthanen zufügen werden." Daß dieses nicht ferner geschehe, möge die Vorsehung unsers Herrn Christus verhüten, und euer Schwert, im Blute der Nordostmänner gehärtet, möge sie hemmen, verbunden mit der Waffe eueres Bruders Karlmann,[1] die freilich schon mit ihrem Blute benetzt ist, aber jetzt nicht aus Feigheit, sondern durch den Mangel an Gut und die

---

[1] Die nämlich jetzt nach dem Tode Karlmanns in den Händen seines Sohnes Arnold oder Arnulf war, welchen der Oheim Karl mit Mißtrauen behandelte, bis er 887 durch ihn entsetzt wurde.

engen Grenzen eueres vielgetreuen Arnold ganz verrostet ist, doch so, daß auf das Geheiß und den Willen euerer Macht sie mit Leichtigkeit wieder scharf und blank wie früher gemacht werden könnte. Denn dieser Zweig sproßt jetzt, nebst dem zarten Schößling eueres Bennolin [1], ganz allein von der fruchtbaren Wurzel Hludowichs unter dem einzig übrigen Wipfel eueres Schutzes. Einstweilen aber füge ich in die Geschichte eueres Namensgenossen etwas von euerem Urahn Pippin ein, was, wenn die göttliche Vorsehung uns gnädig ist, bald ein kleiner Karl oder Lutz [2] nachahmen kann.

15. Als die Longobarden und übrigen Feinde die Römer bekriegten, schickten diese Gesandte an Pippin, daß er um der Liebe Sankt Peters willen ihnen baldmöglichst zu Hülfe kommen möchte. Er unterwarf unverzüglich die Feinde, und betrat Rom als Sieger nur um sein Gebet zu verrichten [3], wo er denn von den Bewohnern mit diesem Zuruf empfangen wurde: „Genossen der Apostel und Freunde Gottes sind heute angekommen, Frieden bringend und das Land erleuchtend, den Völkern Frieden zu geben und das Volk des Herren zu befreien." Diesen Vers pflegen einige, welche seine Bedeutung und Entstehung nicht kennen, an den Tagen der Apostel zu singen. Jener aber wollte den Neid der Römer, oder vielmehr, um die Wahrheit zu sagen, der Konstantinopolitaner vermeiden und kehrte bald nach Frankenland zurück. Als er aber hörte, daß die Heerführer ihn heimlich mit Geringschätzung zu schmähen pflegten, befahl er einen Stier, furchtbar durch seine Größe und unbezähmbar an Muth, vorzuführen und einen sehr wilden Löwen gegen ihn loszulassen. Dieser stürzte mit gewaltigem Ungestüm auf ihn los, ergriff den Stier am Nacken und warf ihn zu Boden. Da sagte der König zu den Um-

---

[1] Ober Bernhard, f. eben S. 68. — [2] Karolaster aut Ludowiculus.
[3] Pippin ist nie in Rom gewesen.

stehenden: „Reißt doch den Löwen vom Stiere, oder tödtet ihn auf jenem!" Sie sahen sich untereinander an, ihr Blut erstarrte in den Adern, und entsetzt vermochten sie kaum die Worte hervorzubringen: „Herr, kein Mensch ist auf der Erde, der das zu unternehmen wagte." Er aber mit mehr Zuversicht erfüllt, erhob sich von seinem Thron, zog das Schwert und hieb durch den Hals des Löwen den Kopf des Stieres von den Schultern, und das Schwert wieder in die Scheide steckend, setzte er sich auf seinen Thron mit den Worten: „Scheint es euch jetzt wohl so, als könne ich euer Herr sein? Habt ihr nicht gehört, was der kleine David mit jenem Riesen Goliath gemacht hat, oder der noch ganz kleine Alexander mit seinen langen Feldherrn?" Da fielen sie wie vom Donner getroffen zu Boden und sprachen: „Wer anders als ein Wahnsinniger könnte etwas dawider haben, daß eure Herrlichkeit die Sterblichen beherrsche?"

Und nicht allein gegen Thiere und Menschen bewies er sich so, sondern auch gegen den Spuk böser Geister bestand er einen unerhörten Kampf. Als nämlich bei Aachen, noch vor Erbauung der Badehäuser, die heißen und sehr heilsamen Quellen hervorsprudelten, befahl er seinem Kämmerer nachzusehen, ob die Quellen gereinigt seien, und zu sorgen, daß kein Unbekannter da bleibe. Als das geschehen war, nahm der König sein Schwert und eilte in Hemd und Schuhen zum Bade, als plötzlich ihn der alte Feind angriff, als ob er ihn tödten wollte. Der König aber schützte sich durch das Zeichen des Kreuzes, zog das Schwert, und indem er gewahr wurde, daß es nur ein Schatten in menschlicher Gestalt war, stieß er sein unbesiegbares Schwert so fest in den Boden, daß er es nach langer Anstrengung kaum wieder herausziehen konnte. Doch war der Schatten von solcher Dicke, daß er alle jene Quellen mit abscheulichem Blut und Moder und Fett besudelte. Aber auch dadurch ließ sich der unüberwindliche Pippin nicht stören, sondern sagte zu seinem Kämmerer: „Um dergleichen mach dir keine Sorge. Laß dies besudelte Wasser abfließen, damit ich mich in dem, welches rein nachströmt, ohne Verzug baden könne."

16. Ich hatte mir freilich vorgenommen, mein Herr und Kaiser, nur über eueren Urgroßvater Karl für euch, der ihr ja alles wißt, was er gethan hat, eine kurze Erzählung aufzusetzen; aber da sich so einmal die Gelegenheit dargeboten hat, daß ich eueres glorreichen Vaters Hludowich, den man den Erlauchten hieß, und eueres gottesfürchtigen Großvaters Hludowich, genannt der Fromme, gedenken mußte, so wie auch eueres kriegerischen Ahns, des jüngeren Pippin, über welche wegen der Trägheit der Neueren so tiefes Schweigen herrscht, so hielt ich es für unrecht, nicht von ihren Thaten zu berichten. Denn über den älteren Pippin hat der hochgelehrte Beda in seiner Kirchengeschichte fast ein ganzes Buch verfaßt[1]. Nachdem ich nun dieses so als Abschweifung vorgebracht habe, kehre der Flug des Schwanes wieder zu euerem Namensgenossen, dem erlauchten Karl zurück. Aber wenn wir nicht etwas von seinen Kriegsthaten abknappen, so werden wir nie zur Schilderung seines täglichen Lebens gelangen. Deswegen will ich, was sich mir jetzt darbietet, so kurz wie möglich erwähnen.

17. Nach dem Tode des siegreichen Pippin, als wiederum die Longobarden Rom beunruhigten, machte sich der unbezwingliche Karl, obgleich diesseit der Alpen sehr in Anspruch genommen, doch unverdrossen an den Zug nach Italien, und empfing nach einem unblutigen Kriege oder durch freiwillige Ergebung die Unterwerfung der Longobarden, und der Sicherheit halber, damit sie niemals vom Reiche der Franken sich trennten oder irgend die Grenzen des heiligen Petrus verletzten,

---

[1] Er hat in seiner Angelsächsischen Kirchengeschichte nur einiges von ihm berichtet.

nahm er die Tochter des Longobardenfürsten Desiderius zur Ehe[1]. Da er aber nach nicht langer Zeit dieselbe, weil sie kränklich und zur Fortpflanzung seines Namens untauglich war, nach dem Rathe der weisesten Priester wie eine todte verließ, verbündete der erzürnte Vater sich seine Landsleute durch einen Eid, und selbst in den Mauern Pavia's sich verschanzend, beschloß er den unbesiegbaren Karl zu bekriegen. Es hatte sich aber einige Jahre vorher ereignet, daß einer seiner vornehmsten Fürsten, Namens Otker, den Zorn des furchtbaren Kaisers erregt hatte, und deshalb zu demselben Desiderius seine Zuflucht nahm[2]. Da sie nun von der Ankunft des furchtbaren Karl hörten, stiegen sie auf einen sehr hohen Thurm, von wo sie weit und breit die Ankommenden erblicken konnten. Als der Troß sich zeigte, der rüstiger war als bei den Zügen des Darius oder Julius, sprach Desiderius zum Otker: „Ist Karl etwa in dem großen Heere?" Aber er antwortete: „Noch nicht." Als aber jener das Volksheer sah, gesammelt aus dem ganzen weiten Reiche, da sprach er mit Zuversicht zum Otker: „Gewiß zieht Karl siegesstolz mit diesen Truppen." Otker erwiederte: „Aber noch nicht, und auch jetzt noch nicht." Da fing jener an sich zu ängstigen und zu sagen: „Was werden wir thun, wenn noch mehrere mit ihm kommen?" Otker sprach: „Du wirst schon sehen, wie jener ankommt; was aber aus uns werden soll, das weiß ich nicht." Und siehe, da sie noch sprachen, erschien sein Hausgesinde, das niemals müßige. „Das ist Karl," sagte entsetzt Desiderius. Aber Otker sprach: „Noch nicht, und auch jetzt noch nicht." Darauf zeigten sich die Bischöfe und Aebte und Geistlichen, die Kapläne mit ihren Begleitern. Als er die gesehen, stammelte der Fürst, dem Lichte schon feind und nur nach dem Tode verlangend, mit Mühe

---

[1] Das geschah bekanntlich vor dem Kriege.
[2] Er flüchtete 771 mit Karlmanns Wittwe Gerberga zu Desiderius.

noch die Worte: „Laßt uns hinabsteigen und unter der Erde uns verbergen vor dem Zorn eines so furchtbaren Feindes." Otker aber, der des unvergleichlichen Karls Macht und Kriegsrüstung einst kennen gelernt hatte und in besseren Zeiten sehr vertraut damit war, erwiederte voll Bangigkeit: „Wenn du siehst, daß auf den Gefilden ein eisernes Saatfeld starrt, und daß der Padus und Ticin mit dunkeln eisenschwarzen Meereswogen gegen die Mauern der Stadt anschwellen, dann ist Aussicht da, daß Karl kommt." Er hatte noch nicht ausgesprochen, als zuerst gegen West und Nord es anfing sich zu zeigen wie eine finstre Wolke, die den hellsten Tag in furchtbare Schatten hüllt. Aber als der Kaiser allmählich näher kam, glänzte den Belagerten von dem Scheine der Waffen ein Tag entgegen, der für sie finsterer war als jede Nacht. Da sah man ihn auch selbst, den eisernen Karl, behelmt mit eisernem Helm, mit eisernen Aermeln bewehrt, die eiserne Brust und die breiten Schultern geschützt durch einen eisernen Harnisch; die Linke trug die hoch aufgerichtete eiserne Lanze, denn die Rechte war immer für den siegreichen Stahl bereit; die Außenseite der Schenkel, welche von anderen, um leichter zu Pferde steigen zu können, ohne Harnisch gelassen zu werden pflegt, war bei ihm mit eisernen Schuppen bedeckt. Die eisernen Beinschienen brauche ich nicht zu erwähnen, denn die waren immer bei dem ganzen Heere gebräuchlich. An seinem Schilde sah man nichts als Eisen. Auch sein Pferd erglänzte eisern an Farbe und Muth. Diese Rüstung hatten alle, die ihm voranzogen, die ihm zur Seite ritten, und alle, die ihm nachfolgten, und überhaupt die ganze Heeresmacht nach Kräften nachgeahmt. Eisen erfüllte die Felder und Wege; die Strahlen der Sonne wurden zurückgeworfen durch den Glanz des Eisens; dem starren Eisen bezeugte das vor Schrecken erstarrte Volk seine Huldigung, das Entsetzen vor dem glänzenden Eisen drang tief unter die Erde.

O das Eisen! Wehe das Eisen! so tönte das verworrene Geschrei der Einwohner. Durch das Eisen erzitterte die Festigkeit der Mauern und der Muth der Jünglinge verging vor dem Eisen der Alten. Dieß also, was ich, der Stotternde und Zahnlose, nicht wie es sich ziemte, mit trägerem Umschweif weitläuftig zu schildern versucht habe, sah der wahrheitsliebende Späher Otker mit raschem Blick und sprach zum Desiderius: „Siehe da hast du ihn, nach dem du so eifrig geforscht hast." Und mit den Worten stürzte er fast leblos zusammen. Aber weil an dem Tage die Bewohner der Stadt entweder aus Verblendung oder weil sie noch auf Widerstand hofften, ihn nicht hatten aufnehmen wollen, sprach der kunstreiche Karl zu seinem Heere: „Laßt uns heute etwas denkwürdiges unternehmen, damit man uns nicht tadele, weil wir den Tag müßig verbracht haben. Eilen wir eine Kapelle zu bauen, worin wir den Gottesdienst feiern können, wenn sie uns nicht bald aufmachen." Und als er dieß gesagt hatte, zerstreuten sich alle; diese brachten Kalk und Steine, jene Holz und Farben, und trugen es den Künstlern zu, welche ihn immer begleiteten. Diese errichteten von der vierten Stunde des Tages bis zur zwölften eine solche Kirche mit Mauern und Dächern, künstlichem Täfelwerk und Gemälden, mit Hülfe der jungen Mannschaft und des Kriegsheeres, daß heute noch niemand, der sie sieht, glauben möchte, man habe das anders als in Jahresfrist vollenden können. Mit welcher Leichtigkeit er aber am folgenden Tage, da einige der Bürger die Thore öffnen wollten, andere aber, freilich vergeblich, Widerstand leisten, oder, die Wahrheit zu sagen, sich einschließen wollten, ohne Blutvergießen nur durch seine Klugheit die Stadt überwunden, eingenommen und sich angeeignet habe, das überlasse ich denen zu schreiben, welche euere Hoheit nicht aus Liebe, sondern nur um des Gewinnstes willen begleiten.

Von dort weiter rückend, kam der fromme Karl zur Stadt Furiola, welche diejenigen, die sich auf ihre Gelehrsamkeit viel einbilden, Forum Julii nennen [1]. Es traf sich aber, daß zur selben Zeit der Bischof der Stadt, oder um den modernen Ausdruck zu gebrauchen, der Patriarch, sich dem Ende seines Lebens nahte. Als zu ihm der fromme Karl eilte, um ihn zu besuchen, damit er ihm seinen Nachfolger namentlich bezeichne, seufzte jener voll Gottesfurcht aus tiefster Brust, und sprach: „Herr, dieses Bisthum, welches ich lange ohne Nutzen oder geistigen Fortschritt inne gehabt habe, überlasse ich der göttlichen Verfügung und euerer Anordnung, damit nicht der unentfliehbare und unbestechliche Richter urtheile, daß ich zu der Masse der Sünden, die ich bei meinen Lebzeiten anhäufte, noch nach dem Tode etwas hinzugefügt habe." Das verstand der weise Karl so, daß er ihn nicht mit Unrecht den alten Vätern für vergleichbar hielt.

Da aber Karl, der rüstigste unter den rüstigen Franken, eine Zeit lang in der Gegend verweilte, um nach dem Hinscheiden des Bischofs ihm einen würdigen Nachfolger zu setzen, sagte er an einem Festtage nach der Feier der Messe zu den Seinigen: „Um nicht in Müßiggang hinlebend der Trägheit zu verfallen, laßt uns auf die Jagd gehen, bis wir etwas erbeuten, und laßt uns alle in der Kleidung ausziehen, die wir jetzt anhaben." Es war aber ein kalter Regentag und Karl selbst hatte einen Schafspelz an, von nicht viel größerem Werthe als jener Rock des heiligen Martin, mit welchem angethan dieser mit nackten Armen Gott das Opfer unter göttlichem Beifall dargebracht haben soll.[2] Die übrigen aber gingen, da Festtage waren und sie von Papia kamen, wohin eben Venetianer von jenseit des Meeres alle Reichtümer des Ostens ge-

---

[1] Cividale del Friull. Karl ist aber gar nicht dahin gekommen.
[2] Sulpicii Dial. II, 1.

bracht hatten, gekleidet in Häute phönizischer[1] Vögel, mit Seide
eingefaßt, dann geziert mit der Hals= und Rückenhaut und den
Schwanzfedern der Pfauen, und mit tyrischem Purpur oder
orangefarbenen Streifen verbrämt, andere in Marder= und
Hermelinfelle gehüllt: so durchstreiften sie den Wald, und zer=
setzt von Baumzweigen und Dornen, vom Regen durchnäßt,
auch durch das Blut der Thiere und die frisch abgezogenen
Felle beschmutzt, kehrten sie zurück. Da sprach der listige Karl:
„Keiner von uns ziehe seinen Pelz aus, bis wir zum Schlafen
gehen, damit er auf unserm Leibe besser trocknen könne." Nach
diesem Befehle sorgte jeder mehr für seinen Leib als für sein
Kleid, und suchte sich überall ein Feuer, um sich zu wärmen.
Bald aber zurückkehrend und im Dienste des Herrn bis tief
in die Nacht verweilend, wurden sie endlich nach Haus ent=
lassen. Und da sie nun anfingen die feinen Felle oder noch
dünneren Seidenstoffe auszuziehen, machten sich die Brüche der
Falten und Näthe weithin hörbar, wie wenn man dürres Holz
zerbricht, und sie seufzten und jammerten und klagten, daß sie
so viel Geld an einem einzigen Tage verloren hatten. Vom
Kaiser aber war ihnen befohlen, sich ihm am nächsten Tage
wieder in denselben Pelzen vorzustellen. Das geschah, und da
nun alle nicht in schönen Gewändern glänzten, sondern von
Lumpen und farbloser Häßlichkeit starrten, sprach der verstän=
dige Karl zu seinem Kämmerer: „Nimm jetzt meinen Pelz und
reibe ihn mit der Hand, dann bring ihn uns vor Augen."
Unversehrt und glänzend weiß wurde er gebracht, und er nahm
ihn in die Hand, zeigte ihn allen Anwesenden und sprach: „O
ihr thörichtsten aller Menschen, welches Pelzwerk ist nun kost=
barer und nützlicher, meines hier, das ich für einen Schilling
gekauft habe, oder euere da, welche nicht nur Pfunde, sondern
viele Talente gekostet haben?" Da schlugen sie die Augen

---

[1] Phenicum. Vielleicht ist der Phönix gemeint.

nieder und vermochten nicht seinen schrecklichen Blick zu ertragen.

Diesem Beispiele folgte euer frommer Vater nicht einmal, sondern sein ganzes Leben hindurch so sehr, daß niemand, der seiner Bekanntschaft und Belehrung würdig erschien, im Heereszuge gegen den Feind etwas anderes als seine Waffen, nebst wollener und linnener Kleidung, zu tragen wagte. Wenn aber einer der niedrigen, dem diese Zucht unbekannt war, etwas von Seide, Gold und Silber an sich trug und ihm zufällig begegnete, so ging er mit solchen Worten gescholten oder vielmehr gebessert und weiser von bannen: „O du doppelt goldener! o du silberner! o du ganz purpurner! Armer, unglücklicher, reichte es dir nicht hin, allein durch das Loos des Krieges unterzugehen, daß du auch die Schätze, womit du deine Seele retten könntest, in die Hände der Feinde liefern mußt, auf daß mit ihnen die Götzen der Heiden verziert werden?" Wie sehr aber von seiner Kindheit bis zum siebzigsten Jahre der unbesiegbare Hludowich am Eisen seine Freude hatte, welches Schauspiel von Eisen er den Gesandten der Nordmannen vorführte, das will ich euch, obgleich ihr es schon besser wißt, ins Gedächtnis rufen.

18. Als die Könige der Nordmannen, jeder nach seiner Ehrfurcht vor ihm, Gold und Silber an ihn schickten, und ihre Schwerter zum Zeichen ewiger Dienstbarkeit und Unterwerfung, da befahl der König das Geld auf den Boden zu werfen, und daß niemand es anders als mit Verachtung anblicke, sondern vielmehr alle es wie Koth mit Füßen träten; die Schwerter aber ließ er, auf hohem Throne sitzend, sich zur Probe bringen. Die Gesandten nun, besorgend, daß ein böser Argwohn gegen sie entstehen könne, überreichten dem Kaiser die Klingen mit eigner Gefahr, so wie Diener dem Herrn Messerchen mit dem äußersten Ende darzubieten pflegen. Er erfaßte eine davon

am Griffe und versuchte sie von der Spitze zum Griffe zu beugen, aber sie zerbrach unter den Händen, die stärker waren als das Eisen. Da zog einer der Gesandten sein Schwert aus der Scheide und überreichte es nach Diener Weise zu seinem Gebrauch: „Herr, sprach er, ich glaube, diese Klinge werdet ihr biegsam und starr erfinden nach dem Willen eurer siegreichen Rechten." Der Kaiser nahm sie, und da er als ein wahrer Kaiser nach der Weissagung des Jesaias (51, 1): „Schauet den Fels an, davon ihr gehauen seid", vor dem ganzen Volke Germaniens durch die besondere Gnade Gottes die Größe und den Muth der Altvordern erreichte, zog er sie von der äußersten Spitze bis zum Heft wie eine Weidenruthe zusammen und ließ sie dann allmählich zur früheren Gestalt zurückkehren. Da sahen die Gesandten sich unter einander an und sprachen voll Staunens: „O daß doch unsern Fürsten das Gold und Silber so verächtlich erschiene und das Eisen so köstlich!"

19. Und da ich einmal der Nordmannen gedacht habe, will ich durch einige Vorfälle aus den Zeiten eures Großvaters in kurzem darstellen, wie hoch sie den Christenglauben und die Taufe achten. So wie nach dem Tode des kriegerischen David lange Zeit hindurch die benachbarten Völker, unterjocht durch seine starke Hand, seinem Sohne Salomo, dem friedfertigen, Zins zahlten, so pflegte wegen des Schreckens und wegen des Tributs, den sie dem erhabenen Kaiser Karl gezahlt hatten, das grausame Volk der Nordmannen seinen Sohn Hludowich auf ähnliche Weise mit großer Scheu zu ehren. Endlich einmal hatte der fromme Kaiser Erbarmen mit ihnen und fragte die Gesandten, ob sie den christlichen Glauben annehmen wollten, und da sie antworteten, daß sie immer und in allen Stücken zum Gehorsam bereit wären, befahl er sie zu taufen im Namen dessen, von dem der hochgelehrte Augustin sagte: „Wenn die Dreieinigkeit nicht wäre, würde nicht die Wahrheit selbst ge-

sagt haben: Gehet hin und lehret alle Völker und taufet sie im Namen des Vaters, des Sohnes und des heiligen Geistes". Sie wurden von den Ersten des Hofes gleichsam wie Söhne angenommen, und erhielten aus der Kammer des Kaisers das weiße Taufkleid, von ihren Pathen aber fränkische Kleidung in kostbaren Gewändern und Waffen und den übrigen Schmuck. Als dieß nun längere Zeit hindurch betrieben wurde, und sie, nicht um Christi willen, sondern wegen der irdischen Vortheile von Jahr zu Jahr viel zahlreicher, schon nicht mehr als Gesandte, sondern als ganz bemüthige Vasallen, zum Dienste des Kaisers am heiligen Ostersabbat sich darzustellen eilten, da ereignete es sich, daß einmal bis zu fünfzig gekommen waren. Der Kaiser fragte sie, ob sie wünschten getauft zu werden, und da sie es bejahten, befahl er sie unverzüglich mit geweihtem Wasser zu begießen. Weil aber nicht so viele linnene Gewänder vorräthig waren, ließ er den Stoff zerschneiden, und wie man mit Hecken oder Weinstöcken umgeht, grob zusammenfügen. Ein solches Gewand wurde plötzlich einem der älteren unter jenen angelegt, und da er es mit forschendem Auge eine Zeit lang betrachtet hatte, wurde er nicht wenig zornig und sprach zum Kaiser: „Schon zwanzigmal bin ich hier gebadet und jedes Mal mit den besten weißen Gewändern angethan, und da erhalte ich jetzt einen solchen Sack, der sich nicht für Ritter, sondern für Sauhirten paßt, und schämte ich mich nicht meiner Blöße, wenn ich, meiner Kleider beraubt, mich mit den von dir gegebenen nicht bedecken wollte, so würde ich dein Gewand dir und deinem Christus überlassen." Soviel geben die Feinde Christi auf das, was der Apostel Christi sagt[1]: „Denn wie viele euer getauft sind, die haben Christum angezogen", und am andern Ort[2]: „Alle, die in Jesum Christ getauft sind, die sind in seinen Tod getauft", und was besonders warnt

---

[1] Gal. 3, 27. — [2] Röm. 6, 3.

vor den Verächtern des Glaubens und Verletzern der Sakramente [1]: „die wiederum ihnen selbst den Sohn Gottes kreuzigen und für Spott halten." Daß man doch dieses nur unter Heiden, und nicht auch unter denen, die sich Christen nennen, so häufig fände!

20. Noch etwas habe ich zu erzählen von der Güte des älteren Hludowich, und dann werde ich zum Karl zurückkehren. Der friedfertige Kaiser Hludowich, nicht beunruhigt durch feindliche Einfälle, trachtete nur nach guten Werken, nämlich in Gebet, Almosen und unparteiischem Rechtsprechen. In diesem Geschäft war er durch Scharfsinn und Uebung sehr erfahren. Als ihn deßhalb einmal jemand, der gleich wie Achitophel von allen für einen Engel Gottes gehalten wurde[2], zu verspotten wagte, gab er mit sanfter Miene und ruhiger Stimme, aber im Herzen etwas erregt, folgende Antwort: „O du weisester Anshelm, wenn ich dürfte, möchte ich bemerken, daß du nicht auf rechtem Wege bist." Von dem Tage aber galt dieser Rechtskundige bei keinem mehr etwas.

21. Im Wohlthun war der barmherzige Hludowich so eifrig, daß er am liebsten das Almosen nicht nur vor seinen Augen geben ließ, sondern es selbst austheilte. Dazu noch beschloß er, die Angelegenheiten der Armen während seiner Abwesenheit in der Weise zu leiten, daß er einem unter ihnen, der freilich in jeder Weise schwach, aber doch muthiger als die übrigen erschien, ihre Vergehen zu strafen übertrug, so daß das Herausgeben gestohlener Sachen, Vergeltung von Beleidigungen oder Verletzungen, auch bei größeren Vergehen Verstümmelung des Leibes und Köpfung, und auch das Aufhängen der Schuldigen durch ihn geschah. Dieser ernannte sich Herzöge, Tribunen und Centgrafen [3] und deren Stellvertreter, und erfüllte

---

[1] Hebr. 6, 6. — [2] 2. Sam. 16, 23.
[3] Der Verfasser schrieb im Thurgau, wo noch im zehnten Jahrhundert die römischen Tribunen des Arbongaues neben den germanischen Centenarien vorkommen. Doch nennt er sie hier centuriones.

mit Eifer das ihm übertragene Amt. Er selbst aber, der gütige Kaiser, verehrte in ihnen allen den Herrn Jesum Christum, und ließ nie ab, ihnen Nahrung und Kleidung zu reichen, und besonders an dem Tage, an welchem Christus, das Kleid des sterblichen Leibes ablegend, sich anschickte das unvergängliche wieder anzunehmen. An diesem Tage theilte er auch an alle, die in der Pfalz aufwarteten und am königlichen Hofe Dienste leisteten, nach der Stellung der Einzelnen Geschenke aus, so daß er den vornehmeren Schwertgehänge oder Gürtel und die kostbarsten Kleidungsstücke, wie sie aus seinem weiten Reiche ihm gebracht wurden, zutheilen ließ, den untergeordneten Personen aber friesische Mäntel von jeder Farbe gab, ferner den Stallknechten, den Bäckern und Köchen leinene und wollene Kleider und Messer, wie sie deren bedurften, auswarf. So war nun niemand mehr bedürftig, sondern allewege und allenthalben, nach den Thaten und Worten der Apostel[1], große Dankbarkeit, auch die zerlumpten Armen zogen jetzt in weißen Kleidern durch den weiten Hof zu Aachen und die kleineren Nebenhöfe, welche die Lateiner Portikus zu nennen pflegen, und ihr Rufen: „Herr erbarme dich über den glückseligen Hludowich!" drang bis zum Himmel; von den Rittern aber umfaßte, wer hinzubringen konnte, die Füße des Kaisers, andere begrüßten ihn verehrend aus der Ferne. Da sprach, als schon der Kaiser zur Kirche schritt, einer von den Spielleuten im Scherz: „Heil dir, glückseliger Hludowich, daß du so viele Menschen an einem Tage hast kleiden können! bei Christus, niemand in ganz Europa hat heute mehr Menschen gekleidet, als du, ausgenommen den Atto." Der Kaiser fragte ihn, wie denn jener noch mehr habe kleiden können, und der Gaukler freute sich, daß er den Kaiser habe zum Erstaunen bringen können und sprach lachend: „Der hat heute am meisten neue Kleider ausgetheilt." Der Kaiser

---

[1] Apostelgesch. 4, 34.

Ludwigs des Frommen Mildthätigkeit.

nahm das freundlich mit sanftem Nicken als Scherz und Narrenspossen an und betrat mit demüthiger Frömmigkeit die Kirche, wo er sich so gottesfürchtig bezeigte, als ob er den Herrn Jesum Christum selber leiblich vor Augen zu haben glaubte. Er pflegte auch zu jeder Zeit, nicht aus Bedürfniß, sondern um eine Gelegenheit zum Schenken zu haben, an jedem Samstag ein Bad zu nehmen, und alles, was er abgelegt hatte, außer dem Schwert und Gehänge, seinen Dienern zu geben. Diese seine Freigebigkeit erstreckte sich bis auf die Niedrigsten, so daß er dem Glaser Stracholf, einem Knechte des heiligen Gallus, der ihm damals aufwartete, seinen ganzen Anzug zu geben befahl. Als die sündhaften Knappen der Ritter das erfahren hatten, legten sie ihm am Wege einen Hinterhalt und versuchten ihn zu berauben; da er nun zu ihnen sagte: „Was macht ihr? dem Glaser des Kaisers wollt ihr Gewalt anthun?" Da antworteten sie: „Dein Amt magst du behalten . . . . . ."

Beilagen.

I.
Die Fortsetzung des Erchanbert.

Einleitung.

Diese Fortsetzung wird jetzt, wie in der Einleitung zum Hauptwerk schon bemerkt ist, mit großer Wahrscheinlichkeit ebenfalls Notker dem Stammler zugeschrieben. Sie verdient Beachtung als eine völlig gleichzeitige Stimme aus dem Jahre 881, und wenn auch sehr dürftig, enthält sie doch einige bemerkenswerthe Angaben, so daß es auch deshalb angemessen erschien, dieselbe hier in Uebersetzung folgen zu lassen. Auch der Schluß des fortgesetzten Werkes ist aufgenommen, welcher allein einige Bedeutung hat wegen der Darstellung von Pippins Erhebung zum Königthum: nicht etwa, weil die Nachrichten geschichtlichen Werth haben, sondern vielmehr, weil wir daraus erkennen können, wie frühzeitig schon an diesen Vorgang sich eine völlig falsche Vorstellung von dem Verfügungsrecht des Papstes über die fränkische Krone geknüpft hat.

Erchanberts Abriß der Frankengeschichte.

Schluß.

Bevor Pipin zum König erhoben wurde, kam der Papst, mit Namen Stephan, von Rom ins Frankenreich, um diesen Fürsten zu bitten, daß er ihm Hülfe leisten möchte bei Haistolf, dem König der Longobarden, weil dieser von dem Gut des heiligen Petrus sowohl Städte als andere Ortschaften und Gebietstheile in Besitz genommen habe. Da soll jener Fürst geantwortet haben: „Ich habe einen Herrn, den König. Ich weiß nicht, was dieser darüber beschließen will." So wandte sich denn der Papst mit denselben Bitten um Hülfe an den König. Da sprach der König: „Siehst du nicht, o Papst, daß ich die Würde und Macht des Königthums nicht besitze? Wie kann ich etwas von diesen Dingen ausführen?" „Wahrlich," sagte der Papst, „das ist von Rechts wegen so, weil du solcher Ehre nicht würdig bist." Und zum Fürsten Pipin sich wendend sprach er: „Im Namen des heiligen Petrus befehle ich dir: Scheere diesen und schicke ihn in ein Kloster. Wozu belastet er die Erde? Er nützt weder sich noch anderen etwas." Sogleich nun wurde er geschoren und in ein Kloster gesteckt, dann sprach der Papst zum Fürsten: „Dich hat der Herr und die Macht des heiligen Petrus erwählt, daß du Fürst und König über die Franken sein sollst." Und alsbald setzte er ihn zum Könige und segnete ihn, und seine beiden Söhne, die noch im Kindesalter waren, Karl und

Karlmann, weihte er zu Königen. König Pipin aber gelobte alles zu thun, wie es jenem gefallen werde, und so that er auch. König Pipin aber herrschte nach seiner Weihe siebenzehn Jahre. Die Könige Karl und Karlmann, Pipins Söhne, regierten ihre Reiche zusammen vier Jahre, König Karl allein regierte 45 Jahre; ihn weihte Papst Leo zum Kaiser im dreißigsten Jahre seiner Regierung. Der Kaiser und König Hludowich herrscht jetzt mit Gottes Gnade glücklich im neunzehnten Jahr. Von König Chlothar bis auf das gegenwärtige Jahr im dreizehnten Jahr Kaiser Hludowichs ist die Zahl der Jahre 232 und zehn[1].

Fortsetzung.

Kaiser Ludowich schied aus diesem Leben im 27. Jahre seiner Regierung, im Jahre der göttlichen Menschwerdung 840, in der dritten Indiction, am 20. Juni.

Im zweiten Jahre nach seinem Tode[2] theilten seine drei Söhne nach der furchtbaren Schlacht, welche über die Theilung des Reiches zwischen ihnen entbrannte, Europa in folgender Weise. Sein Erstgeborener Lothar erhielt Italien, Burgundien und einen Theil des Lugbunensischen Galliens, das Moselland und einen Theil von denen, welche man die alten Franken nennt. Sein Bruder aber, der glorreiche König Ludowich, erhielt ganz Germanien, das ist das ganze östliche Franken, Alemannien oder Rhaetia, Noricum, Saxonia, und sehr zahlreiche barbarische Völker. Karl endlich, welcher noch ein Knabe war[3],

---

[1] Ich vermuthe, daß diese Zahlen von Abschreibern verändert sind. Chlothar II folgte 584 seinem Vater Chilperich; 232 Jahr dazu führten zum dritten Jahr Ludwigs des Frommen. Ein späterer Abschreiber hat „zehn" zugesetzt, noch später ist 13 in 19 verwandelt.

[2] Im zweiten Jahre, am 25. Juni 841 war die Schlacht bei Fontenoy.

[3] Er war 823 geboren.

erhielt durch die Bemühungen seiner Mutter, der sehr listigen Judith, fünf Provinzen, die Viennensischen, die Provinz der Aebuer, das Narbonensische Gallien, und einen Theil von Belgica und vom Lugbunensischen Gallien. Ihr vierter Bruder[1] aber, Namens Pipin, behielt Aquitanien, Hispanien und Wasconien und Gothien, welche er bei Lebzeiten des Vaters empfangen hatte, gegen dessen und seiner Brüder Willen bis an seinen Tod. Die Provinz, welche mit ihrem Eigennamen so benannt wird[2], blieb, wie man weiß, immer zwischen diesen und jenen schwankend.

855 Die Söhne Lothars, Ludowich nämlich und Lothar, theilten das Reich ihres Vaters in solcher Weise, daß Ludowich Italien mit dem kaiserlichen Namen, Lothar aber den Antheil seines Vaters diesseits der Alpen erhielt.

865 Ludowich aber, der König von Germanien, vertheilte viele Jahre vor seinem Tode, um den Frieden zu sichern, sein Reich unter seine drei erlauchten Söhne, welche ihm die Königin Hemma geboren hatte, so daß er dem Erstgeborenen, dem sehr kriegerischen Karlmann, Noricum und einen Theil der barbarischen Stämme zur Regierung übergab; für sein Reich aber, das ist das Reich der Franken und Sachsen mit den Tributen der fremden Stämme, seinen gleichnamigen Sohn Ludowich zum Miterben machte; ferner den sehr sanften Karl zum Vorsteher für Alemannien, das größere und das Curische Rhaetien bestimmte; doch in der Weise, daß seine Söhne bei seinen Lebzeiten nur einzelne benannte Höfe haben und geringere Angelegenheiten entscheiden sollten; alle Bisthümer aber und die Klöster und die Grafschaften, auch die Königshöfe und alle höheren Gerichte sollten ihm vorbehalten bleiben.

---

[1] Vielmehr der Neffe, da Pippin I schon 838 gestorben war.
[2] Die Provence. Sie gehörte aber zu Lothars Antheil und kam nach dessen Tod an seinen Sohn Karl.

Ludowich also, der König von Germanien, starb im 36. Jahr nach dem Tode seines Vaters, des Kaisers Ludowich, bei Franconovurt am 28. August und wurde in Loresham in der Kirche des heiligen Nazarius begraben; seine obengenannten drei Söhne hinterließ er als Erben seines Reiches, nachdem er zu seinem Reiche auch ungefähr die Hälfte vom Reiche das Lothar hinzugefügt hatte.

Da inzwischen Ludowich, Lothars Bruder, schon im vorigen Jahre vor Ludowich, dem König von Germanien, in Italien gestorben war, nahm Karlmann, der Bruder jener obengenannten, Italien bis an den Pabus in Besitz, Karl aber drang von Gallien aus in Italien jenseit des Pabus ein, und da er von dort nach Gallien zurückkehrte und auf der Reise starb, überließ er Karlmann die Zügel des Kaiserreiches, nachdem er zuvor das Reich Pipins, welcher ohne ihn überlebende Kinder, ausgenommen allein Karl, den Erzbischof von Mainz, verstorben war, mit seinem Reich vereinigt hatte.

Karlmann also kehrte, nachdem er kurze Zeit hindurch Italien behauptet hatte, von schweren und unheilbaren Krankheiten ergriffen, nach Noricum zurück, und überließ noch bei Lebzeiten seinem frommen und völlig zuverlässigen Bruder Karl Italien zur Verwaltung. Dieser aber sammelte ein großes Heer, nahm unversehens Italien in Besitz, und als er nach Ravenna kam, befahl er, den römischen Papst, Namens Johannes, zu sich zu berufen; ebenso auch den furiolanischen Patriarchen, den Erzbischof von Mediolanum, und alle Bischöfe, Grafen und sonstige Vornehme aus Italien, und da wurde er von ihnen zum König eingesetzt, und verpflichtete alle, mit Ausnahme des Bischofs des apostolischen Stuhles, eidlich zur Unterwerfung unter seinen Dienst. Bei dieser Versammlung befand sich auch der Mainzer Bischof Liutpert auf Befehl des Königs Ludowich.

In demselben Jahre endigte auch für Karlmann, im vierten Jahre nach dem Tode seines Vaters, die Erlaubniß, in diesem Leben zu verweilen. Im folgenden Jahre aber, das ist von der Fleischwerdung des Herrn im 881, in der vierzehnten Indiction, zog derselbe allergnädigste Karl, welcher dem großen Kaiser, seinem Ahnherrn Karl, in aller Weisheit und Tüchtigkeit und in den Erfolgen seiner Kriegsthaten gleichkam, ihn aber in der Ruhe des Friedens und allgemeiner Glückseligkeit übertraf, mit allen Fürsten Italiens, und vielen aus Francien und Suevien nach Rom, und wurde von dem Römischen Bischofe aus dem Schatze des heiligen Apostels Petrus durch eine Krone, welche er ihm aufs Haupt setzte, zum Kaiserreich geweiht und Augustus Caesar genannt, und jetzt regiert er unter dem Schutze der göttlichen Vorsehung das Reich in Frieden, während die Frau Richarta zugleich mit ihm zur Genossenschaft des Reiches von demselben apostolischen Vater erhöht ist.

Karl aber, der Herrscher über Gallien, hinterließ nur einen Sohn, der ihn überlebte, Namens Ludowich, welcher nur sehr kurze Zeit nach dem Tode seines Vaters am Leben blieb, und durch einen vorzeitigen Tod aus diesem Leben entrückt wurde. Ihn überlebten zwei Söhne, Ludowich nämlich und Karlmann, welche jetzt in der ersten Blüthe ihres Alters als die Hoffnung Europas heranwachsen und schon Blüthen entfalten. Denn Karlmann, der Sohn des großen Ludowich, hatte keine Söhne, mit Ausnahme des Arnulf, welcher von einer sehr vornehmen Frau, die jedoch nicht in gesetzlicher Weise ihm verbunden war, geboren wurde — der noch lebt, und, so Gott will, noch leben soll, damit nicht die Leuchte des großen Ludowich von dem Hause des Herrn erlösche.

Auch Ludowich, der König von Francien, hatte einen Sohn, Namens Hug, einen sehr schönen und sehr kriegerischen Jüngling, von einem Kebsweib von sehr hervorragendem Adel, welcher in diesem Jahre im Kriege gegen die Barbaren mit Theodorich und Marcward, sehr frommen Bischöfen, und Bardo, dem Bruder der Königin Liutkart, zum Verderben der Franken getödtet wurde[1], nachdem schon kurz vorher der Sohn der Liutkart selbst[2] vom Herrn Ludowich auf der Reise nach Noricum durch einen plötzlichen Tod noch bei Lebzeiten Karlmanns hinweggenommen war; wie er ums Leben gekommen, weiß ich nicht, denn darüber geht verschiedenes Gerede unter dem wetterwendischen Volke.

Jetzt also liegt es allein in der Hand des allmächtigen Gottes, durch dessen Wink die ganze Welt regiert wird, ob er geruht, von dem Herrn Kaiser Karl, der an Jahren noch jung ist, in seinem Verhalten aber alle Greise übertrifft, und von der frommen Königin, der Kaiserin Richkart, einen Samen zu erwecken, durch welchen die Tyrannen, oder vielmehr Räuber, die noch bei Lebzeiten des erlauchten Kaisers Karl und seines Bruders, des Herrn Königs Ludowich, wenn auch verstohlen, ihr Haupt zu erheben wagen, mit Gottes Hülfe niedergeworfen werden. Ihre Namen aber verschweigen wir einstweilen aus menschlicher Rücksicht, bis sie entweder an die Fürsten der Erde sich wendend, Verzeihung erlangen, oder, wie Störer der öffentlichen Ordnung es verdienen, zu Asche verbrannt und in alle Winde verstreut, mit ihren Namen, oder vielmehr mit ihrer Schande und Schmach und ihrem ganzen Andenken für alle Zeit der Verdammung erliegen.

---

[1] Hugo fiel in der Schlacht bei Thiméon gegen die Normannen, die Bischöfe von Minden und von Hildesheim und Bruno, nicht Bardo, der Herzog von Sachsen am 2. Februar bei Hamburg; f. Dümmler, Gesch. d. Ostfränk. Reichs III, 135 f.

[2] Ludwig, f. Dümmler III, 130; er fiel nach Regino aus einem Fenster der Pfalz zu Regensburg.

II.

Karls Zug ins Morgenland.
Aus der Chronik Benedikts vom Berg Soralte.

Einleitung.

Der Verfasser war Mönch im Kloster des h. Andreas am Berg Soralte, und schrieb seine Chronik um das Jahr 970. Sie ist zusammengesetzt aus echten Quellen, Erdichtungen und Volkssagen; als leitender Gedanke durchdringt sie das Bestreben, in jede merkwürdige Begebenheit eine Beziehung auf das Kloster zu legen, welches mit Stolz unter seinen Geistlichen den Hausmaier Karlmann nannte, der sich einst hierher aus der Welt zurückzog, und später in Montecassino den Ruf großer Demuth und Frömmigkeit erwarb. Benedikt hat seinen Stoff mit großer Ungeschicklichkeit und Rohheit behandelt; der Sprache, deren er sich bedient, kann man kaum den Namen der lateinischen beilegen; sie ist überhaupt gar keine Sprache, und läßt sich wohl am treffendsten als Kauderwelsch bezeichnen. Wie sehr viele Italiener der Zeit hat er durch den Gebrauch der romanischen Sprache mit ihren abgeschliffenen Formen den Sinn für die Bedeutung der grammatischen Endungen und die Kenntniß von ihrer Anwendung ganz verloren, hält sich aber doch für verpflichtet, da er als Schriftsteller auftreten will, die Worte in irgend einer Weise mit solchen Endungen zu versehen und stellt nun in bunter Reihe die verschiedensten Fälle und seltsame Gebilde von Zeitwörtern durcheinander. Die Handschrift, welche Pertz in Rom fand, ist allem Anschein nach das Original selbst, so daß sich nichts durch Fehler der Abschreiber entschuldigen läßt. Auch finden sich in Chroniken und besonders in Urkunden noch sehr zahlreiche Beispiele dieser Barbarei. Die Uebersetzung wird dadurch sehr erschwert; man kann den Sinn der Worte nur errathen, und nicht mit Sicherheit dafür einstehen, wirklich das Richtige getroffen zu haben.

Bei der Dürftigkeit unserer Nachrichten über Italien aus diesen Jahrhunderten ist auch Benedikts Chronik nicht ohne Werth für uns, und Abel hat schon zum Paulus Diakonus ein Stück daraus mitgetheilt. Bei der Erzählung von Karls Zug ins Morgenland ist es besonders merkwürdig, daß er die echte Geschichte Karls in Einhards Schriften vor sich hatte, und diese Fabel in Einhards eigene Worte einflicht. Man könnte sie für absichtlich von ihm erfunden halten, wenn wir nicht ein Jahrhundert später die Vorstellung von Karls Kreuzzug allgemein verbreitet und eingewurzelt fänden, während doch diese armselige Chronik völlig unbekannt und unbeachtet blieb. Es ist deshalb vielmehr anzunehmen, daß Benedikt nur aufzeichnete, was die verbreitete Meinung der Leute war; der Unterschied zwischen Sage und Geschichte war ihm unbekannt, und daher berichtet er mit derselben Zuversicht, was man im Volke sich erzählte und was er in Einhards Schriften fand. Dadurch hat er uns die älteste Kunde von dieser sagenhaften Ausschmückung der Geschichte Karls des Großen bewahrt, welche im Kloster St. Andrea ebenso wie später in Aachen und an anderen Orten zur Verherrlichung der dort bewahrten Reliquienschätze ihre besondere Anwendung erhielt.

Aus der Chronik Benedikts vom Berge Sorakte.

Cap. 23. Der starke König befahl eine Flotte gegen die Ueberfälle der Nordmannen zu bauen, und an den Mündungen der Flüsse, welche aus Gallien und Germanien in den nördlichen Ocean sich ergießen, so wie an allen Häfen Schiffstationen zum Schutze dagegen einzurichten. Für das abriatische Meer verordnete er, daß man in der Benetischen Provinz die Schiffe sammle. Darauf ließ er aus dem ganzen Gebiet von Venetien und Aquilegia, von Ravenna, Ariminum, und den Städten von Ankona, und von allen Küsten des abriatischen Meeres die Schiffe nach Traversus[1] führen. Ebenso aus dem mittelländischen Meere, Eugenia[2], Korsika, Sardinien, Pisa, Centumcellä[3] und Rom, und was sich an den Küsten Apuliens fand, die ganze Menge der Schiffe wurde in Traversus versammelt, so viel sich nur bis zu dem Tage auftreiben ließ. Der milde König aber empfing den Segen des Papstes Leo, und stieg dann hinan zum heiligen Erzengel[4], Gott anbetend und zu ihm flehend, daß er seinen Zug in Frieden leiten möge. Viele Geschenke brachte er dar auf dem Berge Garganus, dann trat er seine Reise an; durch das Gebiet von Neapel und das

---

[1] Ein solcher Ort ist nicht bekannt, und der Name scheint nur ganz unbestimmt den Ort der Ueberfahrt, „das Urvar" zu bezeichnen. — [2] Ebenfalls unbekannt.
[3] Der Hafen der Stadt Rom.
[4] Michael, dessen hochberühmtes Heiligthum auf dem Berge Garganus ein vielbesuchter Wallfahrtsort war.

untere Kalabrien kam er nach Traversus: zehnmal hundert und noch mehr Meilen erstreckt es sich in die Länge[1]. Brücken ließ er schlagen über die weite Meeresfläche: alle Franken und Sachsen, Baiern, Aquitanier, Waskonier, Pannonier, Avaren, Alamannen, Langobarden, so viel Volks, daß niemand die Menge zu fassen vermag, schickte er vor sich her. Und alle Völker zogen in das Land der Griechen, so daß man deren Stärke für nichts achtete. Sie lobten und priesen Gott, der auf geradem Wege leitet den König Karl, den Diener Petri, des Fürsten der Apostel. Als Aaron, der König der Perser, das vernommen hatte, welcher[2] mit Ausnahme Indiens fast das ganze Morgenland beherrschte, richtete er eine solche Freundschaft und Eintracht mit ihm auf, daß er seine Huld der Freundschaft aller Könige und Fürsten des ganzen Erdkreises vorzog, und ihn allein zu ehren und beschenken zu müssen glaubte. Als Karl nun zu dem hochheiligen Grabe unsers Herrn und Erlösers Jesu Christi und an den Ort seiner Auferstehung gekommen war, da zierte er die heilige Stätte mit Gold und edelen Steinen, und richtete auch dort ein goldenes Banner von wunderbarer Größe auf; nicht allein schmückte er alle heiligen Orte, sondern König Aaron gewährte ihm auch, daß die Krippe und das Grab des Herrn, wie er gewünscht hatte, unter seine Gewalt gestellt würden. Wie viele Gewänder und Specereien, welche unendlichen Schätze und Herrlichkeiten des Morgenlandes hat er dem König Karl dargebracht! Von hier also wandte sich der weise Karl, und gelangte mit dem König Aaron bis nach Alexandrien. Und die Franken und Aggarener lebten so in Freude zusammen, als wären sie Blutsverwandte. Und König Aaron wurde vom großen Karl in Frieden ent=

---

[1] Was sich so lang erstreckt, bleibt dunkel; wahrscheinlich meint er das Meer.
[2] Dieses ist wörtlich aus dem Leben Karls von Einhard, Kap. 16, entnommen. Aaron ist die bei den Abendländern gewöhnliche Schreibart für Harun.

lassen; in sein Reich kehrte er heim. Der fromme und tapfere König aber zog gen Konstantinopel. Nikiforus[1], Michael, Leo fürchteten sehr, daß er ihnen ihr Reich entreißen wolle. Als der König von ihrer Angst hörte, errichtete er mit ihnen einen Frieden und festen Bund, so daß nicht der geringste Anlaß zu einem Zerwürfniß zwischen beiden Theilen übrig blieb. Immer nämlich war den Römern und Griechen die Macht der Franken verdächtig, woher denn auch jenes griechische Sprichwort kommt: „Den Franken habe zum Freund, aber nicht zum Nachbarn"[2]. Bald darauf kehrte der Kaiser mit vielen Geschenken, die er nebst einem Theile vom Körper des heiligen Apostels Andreas von der Kaiserin in Konstantinopel erhalten hatte, nach Italien zurück. In Rom angekommen, brachte er dem heiligen Petrus reichliche Gaben dar, und nachdem er für die Stadt Rom und die ganze Pentapolis, wie auch für das Gebiet von Ravenna und Tuscien alles nöthige angeordnet hatte, überließ er dieses alles der Gewalt des apostolischen Vaters. Dann brachte er Gott und dem Fürsten der Apostel seinen Dank dar, empfing den apostolischen Segen, und wurde von dem ganzen römischen Volke als Kaiser begrüßt. Darauf zog er mit dem Papste bis zum Berg Syrapti[3], zum Kloster des heiligen Silvester. Sobann betrat er mit dem obersten Bischof das Kloster des heiligen Andreas, und auf die Bitte des Papstes überließ er ein wenig von den Reliquien des heiligen Apostels Andreas diesem Orte seiner Verehrung; wo sie sich aber in der Kirche befinden, das wissen wir nicht. Dann kehrte der König, an Siegen und Ehren reich, nach dem Frankenlande zurück.

---

[1]) Dies ist wieder wörtlich von Einhard entlehnt, nur mit einigen Zusätzen.
[2]) Der Verfasser giebt hier wie Einhard die griechischen Worte und fügt hinzu: „Was die Lateiner so sagen: Die Franken habe zu Freunden." Die letzten Worte scheint er nicht verstanden zu haben.
[3]) D. i. Soratte, jetzt Monte Sant Oreste.

III.

Karl und Widukind.

Aus den Schriften des Petrus Damiani.

Einleitung.

Daß auch an den Sachsenkrieg sich frühzeitig Sagen anknüpften, deren Held Widukind war, zeigt uns die Geschichte von einem Zweikampfe desselben mit Karl in der Lebensbeschreibung der Königin Mathilde, welche Otto II überreicht ist; s. Geschichtschr. 10. Jahrh. 4. Bd. Cap. 1. Eine weitere Entfaltung der Sage wird uns durch eine Erzählung bei Petrus Damiani bekannt. Dieser, gebürtig aus dem Ravennatischen, war einer der bedeutendsten Vorkämpfer der streng kirchlichen Partei im elften Jahrhundert. Das Kardinalbisthum Ostia gab er auf, weil er dadurch zu sehr in die weltlichen Händel seines Freundes Gregors VII verflochten wurde. Sein Sinn ging auf die strengste mönchische Entsagung; durch Wort und Beispiel forderte er unermüblich seine Zeitgenossen auf, Irdischem sich abzuwenden, und bei strengen Bußübungen sich ganz der frommen Betrachtung zu widmen. Um seine Lehren eindringlicher zu machen, pflegte er sie mit zahlreichen Beispielen zu begleiten, bei denen die ausnehmende Leichtgläubigkeit eines sonst ausgezeichneten Mannes oft Staunen erregt. Uns ist dadurch in seinem Werke „Vom Almosen" die folgende Geschichte erhalten, welche ganz ebenso der falsche Turpin vom Maurenkönig erzählt.

7. Auch das mißfällt mir sehr, was ohne Zweifel von manchen geschieht: daß nämlich sie selbst an einer hohen Tafel Platz nehmen, die Armen aber, welche sie speisen lassen, auf dem nackten Erdboden mitten unter den Hunden sitzen müssen, und daß man den Armen die Speisen in den Schooß legt, während sie jenen auf reich gestickten Decken aufgetragen werden. Der hochberühmte Herzog und Markgraf Gotfried[1] hat mir erzählt, daß man in den Geschichten seines Volkes berichtet finde, wie der Kaiser Karl fünfzehnmal gegen den König der Sachsen, welcher damals noch in den Banden des Heidenthums lag, zu Felde gezogen ist und fünfzehnmal die Schlacht verlor; darauf aber überwand ihn Karl in drei großen Feldschlachten und bekam ihn zuletzt als Sieger gefangen in seine Gewalt. Als nun Karl einstmals, wie es die Sitte ist, an erhöhtem Platze thronend, seine Mahlzeit einnahm, die Armen aber, welche er speisen ließ, demüthig auf dem Boden saßen, da ließ der gefangene König, welcher ferne vom Kaiser an einer andern Tafel speiste, demselben durch einen Boten folgende Worte sagen: „Euer Christus sagt, in den Armen werde er selber aufgenommen. Mit welcher Stirne redet Ihr denn uns zu, daß wir unsern Nacken beugen sollen vor dem, welchen Ihr so verächtlich behandelt, und dem Ihr nicht die geringste Ehrerbietung beweiset?" Bei diesen Worten wurde der Kaiser in seinem Herzen betroffen und erröthete; er erschrak heftig, daß aus dem Munde eines heidnischen Mannes die evangelische Lehre zu ihm bringe. Denn der Herr spricht: „Was Ihr gethan habt Einem unter diesen meinen geringsten Brüdern, das habt Ihr mir gethan."

---

[1] Herzog von Lothringen 1065—1069, Gemahl der Markgräfin Beatrix von Tuscien.

IV.

Karl und die Mailänder.

Aus der Chronik Landulfs von Mailand.

Einleitung.

In der Mailänder Kirche bekämpften sich in der zweiten Hälfte des elften Jahrhunderts mit besonderer Heftigkeit die beiden Parteien, welche die ganze Christenheit damals mit ihrem Streite erfüllten. Die streng kirchliche siegte durch den Beistand der römischen Päpste, zum tiefen Kummer Landulfs, der zu ihren Gegnern gehörte. Seinen ganzen Ingrimm legte er in dem Werke nieder, worin er diese Kämpfe mit mehr Leidenschaftlichkeit als Geschick und Wahrheitsliebe beschrieben hat; besonderen Trost fand er in der Schilderung der alten Herrlichkeit der Mailänder Kirche. Bei dieser Gelegenheit berichtet er denn auch Einiges über Karl den Großen, welches sich in sagenhafter Weise an dessen Eifer für die Einrichtung des Gottesdienstes nach römischem Muster anlehnt. Deshalb möge es hier eine Stelle finden, zugleich mit dem, was Landulf von den Langobarden erzählt; wir haben daran ein gutes Beispiel von der Willkürlichkeit, womit in mündlicher Ueberlieferung die Personen und Zeiträume behandelt werden, und einen Maaßstab für die Zuverlässigkeit des Verfassers. Ich bemerke dazu nur, daß Mailand im Jahre 539 von den Gothen zerstört wurde, Honoratus 568 Erzbischof war, als die Langobarden in Italien einfielen, die Eroberung der Stadt durch Lambert aber in das Jahr 896 fällt.

II, 2. Zu der Zeit, als der heilige Honoratus Erzbischof von Mailand war, und der unselige König Lambert das Reich an sich gerissen hatte und Italien beherrschte, da kam ein schlimmes heimliches Verderben über die Stadt Mailand[1]. Diese Stadt nämlich wurde von den großen Kaisern, deren Gewalt und Gesetz der ganze Erdkreis unterthan war, sehr in Ehren gehalten und herrlich geschmückt; mehr als Rom selbst war sie ihnen lieb wegen der angenehmen Lage und der Reinheit der Luft, und sie erhoben sie hoch über alle Städte Italiens und zierten sie mit kaiserlichen Gebäuden. Damit du dieses aber fest glaubest und keinen Zweifel hegest, so höre was ich in den alten wahrhaftigen Jahrbüchern und der uralten Beschreibung der Stadt Mailand gefunden habe; wie nämlich die kaiserlichen Herrscher sie einst mit königlicher Würde geziert haben, indem sie nach der Weise ihrer Väter eine herrliche kaiserliche Pfalz darin erbauten, ferner ein gar schönes Spielhaus, und Thermen, das sind warme Bäder, wo sich die Königinnen, die Gemahlinnen der Kaiser, die sich je zur Zeit in Mailand aufhielten, gesondert von den Männern badeten und schmückten; und wenn die Zeit und Nothdurft es erforderte, auch die ganze Menge der Bürger, doch Frauen und Männer getrennt, zum Bade sich versammelte. Dann einen Garten wie ein Paradies Gottes, geziert mit lieblichen Bäumen mannigfacher Gattung. Auch eine Schaubühne, mit verschiedenen Steinen in meisterlicher Arbeit geschmückt, in der alle Reisigen von ganz Italien Platz fanden und alle einen Redner anhören und zur Genüge verstehen konnten. Auch erweiterten sie die Stadt noch über den Bau der Senonischen Gallier hinaus (welche auch Rom selbst mit Ausnahme der

---

[1] Hiermit meint Landulf die Simonie oder Käuflichkeit der kirchlichen Aemter, wovon er weiterhin ausführlich spricht.

Burg erobert haben) und bauten so viele Thürme von großen
Werkstücken dicht an einander wie das Jahr Tage hat. Auch
bauten sie über den sechs Stadtthoren sehr hohe runde Festen,
und ein hohes dreiseitiges Vorwerk, welches den barbarischen
Feinden, wie eine natürliche Schutzwehr, den Eingang wehren
sollte. Deshalb kamen später die Kaiser häufig nach Mailand
und wohnten dort, vorzüglich um der ganz vortrefflichen und
heilsamen Luft willen, und weil zu allem häuslichen Bedarf
die Fülle vorhanden war. Diese herrliche Stadt also haßte
der verruchte und gottlose König Lambert vor allen, besonders
deshalb, weil der Herzog Hilduin, welcher der Stadt vorstand,
ihm feindlich war; mit drei Königen und vielen Herzögen aus
Franken, Sachsen, der Normandie und Deutschland und einer
zahllosen Menge von Barbaren belagerte er sie vergeblich zehn
Jahre lang, und verlor viele seiner Anführer, seiner Reisigen
und vom Fußvolk durch Pfeilschüsse und anderes Geschoß. Als
er aber lange mit seinem Heere vergeblich sich abgemüht hatte
und sah, daß er die Schätze seines Reiches umsonst vergeudete,
wandte er sich voll Traurigkeit zum Rückzug. Schon hatte er
drei Tagemärsche mit seinem Heere zurückgelegt, da kam ein
nichtswürdiger Bauer zu ihm, schrie und wehklagte, daß die
königliche Würde beschimpft und in den Staub getreten sei,
zerriß seine Kleider und gebärdete sich wie ein Wahnsinniger.
Dieser gab dem Könige den Rath, daß er mit seinem ganzen
Heere die aufgegebene Belagerung mit allem Nachdruck wieder
beginnen möge; dann solle er durch seine Getreuen mit den
Bürgern und dem Herzog Hilduin einen Vertrag abschließen,
und dreißig seiner Herzoge auf die heiligen Evangelien schwören
lassen, daß nur der König mit seinem Gefolge die Stadt be=
treten und ohne jemanden zu verletzen wieder verlassen wolle.
Dann reite er in die Stadt und zeige sich als Herr der Bür=
ger und Einwohner, und schwöre zuletzt, daß er nie wieder

durch die Thore der Stadt kommen werde[1]. Lambert ging auf den teuflischen Anschlag ein und führte alles aus was der böse Feind durch den Mund des Bauern geredet hatte. Als die Bürger die harte Belagerung erneuert sahen und Noth litten, hörten sie den Vorschlag des Königs an, und da vierzig Herzoge mit den stärksten Eiden zusicherten, daß der Stadt und den Bürgern kein Leid geschehen sollte, nahmen sie ihn voll Furcht an, denn sie hielten ihn für wahrhaft und kannten noch nicht die Bosheit des Königs Lambert, verlangten aber nach Ruhe und Frieden. Und so geschah es, daß sie den König, der schlimmer war als ein Heide, zu ihrem Unglück aufnahmen, so daß er mit seinem Gefolge herein und wieder hinaus zöge, wie er es selbst auf die heilige Schrift beschworen hatte. In der dritten Nacht nach seinem Auszuge aber brachen etliche Verräther die Mauern der Stadt bei der Kirche, welche man noch die Kirche des heiligen Andreas bei der zerbrochenen Mauer heißet, und der König zog, wie er geschworen, nicht durch ein Thor, sondern durch die zerbrochene Mauer in die Stadt ein, damit er seinen Eid zu halten scheine. Darauf ließ der treulose und gottvergessene Lambert, der aller Teufel voll war, die Schwerter ziehen und eine zahllose Menge der Bürger umbringen, Kinder wie Greise, Jünglinge wie Knaben. Auch die Pfalzen in der Stadt, und die Thürme und alle Bollwerke, welche Breno der Herzog der Gallier, Nerva und Trajan und der grausame Maximian und andere Kaiser zum Schutz der Bürger erbaut hatten, brach er mit Aexten und Mauerbrechern nieder. Als aber der heilige Ambrosius sah wie seine Stadt mit den Bürgern verwüstet wurde, erschien er in der Nacht des heiligen Severus dem schändlichen Lambert und sprach: „O du Feind Gottes und der Menschen, der

---

[1] Diese Stelle ist verdorben; der Sinn wird aber durch das Folgende deutlich.

du Gott leugnest und würdig bist, den Tod der Verdammten
zu sterben, der du frevelhaft die Stadt und ihre Mauern zer-
störst, welche ich zur Ehre Gottes und zum Frommen der
Christen, welche darin wohnen, gesegnet und geweihet habe!
Wie ein Heide hast du das Volk umgebracht, welches Gott
mit seinem kostbaren Blute am Kreuze erlöst hat. Wisse daher,
daß du das Reich nicht lange mehr haben wirst, und auch dein
Erbe nicht nach dir, und du wirst eines schimpflichen Todes
sterben wie ein Hund." Als das der König vernommen hatte,
zog er ab nach Parma und nahm mit sich den Knaben Azo,
den Sohn Hilduins, den er durch Gottes Willen so lieb gewann, daß er nichts ohne ihn vornahm. Nachdem er nun
drei Jahre dort verweilt hatte, gelüstete es ihn eines Tages
auf die Jagd zu ziehen; als aber die Hunde losgelassen waren
und den Forst durchsuchten, und die Jäger der Spur des
Wildes nachfolgten, da überfiel ihn ein fester Schlaf und er
ruhte im Schoße von Hilduins Sohne, vor dessen Diener. Als
das Azo der Sohn Hilduins sah, gedachte er alles Leides,
welches der König ihm und seinem Vater angethan hatte, und
ermuthigt von seinem Diener beschloß er, den König, ohne länger
zu zögern, ums Leben zu bringen. Und da er kein Schwert
fand ihn zu tödten, sah er neben sich einen sehr spitzigen und
großen Dorn; den ergriff er und that dem König nach den
Worten des heiligen Ambrosius wie einem Hunde; durch die
Brust stieß er ihm ins Herz. Sein Fleisch zerrissen furchtbare Geier und unheilvolle Raben mit gierigem Schnabel; Azo
aber bestieg das Pferd des Königs und eilte nach Mailand,
wo er die zerstörte Stadt so gut er konnte herstellte. Den
König zerfleischten unterdessen die Thiere des Waldes; drei
Tage lang suchten ihn seine Ritter und fanden endlich nur noch
die Gebeine, und seine Gewänder voll von Moder, Würmern
und Gestank; traurig und betrübt bestatteten sie ihn ohne könig-

liche Ehren. In diesen Tagen kamen die abscheulichen Langobarden, die weder jung noch alt schonten, und, wie sie auch Heiden waren, nach Heiden Weise wütheten, nach Mailand. Das wußte der heilige Erzbischof Honoratus vorher, und da er sah, daß die Stadt verwüstet und durch eine schreckliche Seuche entvölkert, auch die Wehrhaften durch den grausamen Lambert mit dem Schwerte vertilgt waren, nahm er zu sich den Schatz der Kirche und trug ihn treulich mit sich nach Genua, um ihn den Händen der Langobarden zu entreißen. Diese nahmen nach wenigen Tagen die Stadt ein, welche ohne Mauern und Thürme sich nicht halten konnte, aber durch Gottes Barmherzigkeit gewann sie die Gunst der Langobarden und ihres Königs in so hohem Grade, daß durch viele Verordnungen und Befehle das Gut der Kirche von allem Volke und dem Könige selbst unberührt erhalten blieb. Später aber wurde Desiderius, der König der Langobarden, durch Gottes Barmherzigkeit ein Christ und baute in der Stadt die Kirche des heiligen Vincenz mit einem Mönchskloster zum Heil seiner Seele und begabte es mit vielen Gütern und Schlössern. Nachher bedrängte er den Hadrian, den Papst zu Rom, und dieser gab damals Karl dem Großen, dem Sohne Pippins, dafür, daß er die Städte des h. Petrus aus Desiderius Händen rette, gegen Recht und Gesetz die Stäbe und Ringe, um die Bischöfe damit zu belehnen, er zuerst, um so einen Pflock durch den andern auszutreiben.

10. Zu den Zeiten dieses Karls, als er zu Rom sich mit großer Heeresmacht und Herrlichkeit seiner Herrschaft freute und Hadrianus Papst war, versammelte man viele Bischöfe aus verschiedenen Landen und feierte eine große Kirchenversammlung. Nachdem sie nun mancherlei Dinge verhandelt hatten, griffen sie ohne Scheu die Satzungen Gottes und des seligen Lehrers und Bekenners Ambrosius an, ganz und gar vergessend,

wie große Ehrfurcht und Liebe einst der heilige Gregorius der Ambrosianischen Kirche zugewandt hatte. Ganz verblendet und verkehrt in ihrem Sinn, und des Rechtes nicht achtend, gedachten sie daher das, was durch lange Zeiten hochberühmt und fest geordnet gewesen war, anzutasten und zu schmähen, ja vielmehr ganz zu vernichten. Der Kaiser Karl wurde deshalb von der großen Zahl der Bischöfe angeleitet, daß er durch das ganze Gebiet der lateinischen Zunge reise solle, und wo er etwas finde, das von der römischen Weise in Gesang und Gottesdienst abweiche, da solle er es gänzlich abthun und alles auf die Einheit der römischen Weise zurückführen. Kaiser Karl also verwüstete zuvor Pavia, gegen welche Stadt ihn ein unauslöschlicher Haß beseelte, um des Kaisers Desiderius willen, seines Nebenbuhlers, den die Reisigen von Pavia gegen Karls Herrschaft mannhaft mit Waffen und Kriegskunst vertheidigt hatten; dann kam er nach Mailand, und verbrannte alle Bücher der Ambrosianischen Weise, deren er für Geld, oder in Geschenks Weise, oder auch mit Gewalt habhaft werden konnte; einige nahm er auch mit sich über die Berge, gleich als ob er sie in die Verbannung führte. Fromme Männer aber, welche diese Bücher sahen, hielten sie hoch in Ehren. Und Gott, der alles sieht und die Geheimnisse der Herzen durchschaut und ans Licht bringt, duldete nicht, daß das was zur Ehre und zum Preise seines Namens durch Anleitung des Heiligen Geistes der heilige Bischof Ambrosius hatte aufschreiben lassen, verletzt oder von bösen Menschen vernichtet würde.

11. Es machte sich aber auch Eugenius, ehrenvollen Angedenkens, ein Bischof von jenseit der Berge, der die Ambrosianische Weise über alles liebte und stets zu schützen suchte, des Kaiser Karls Beichtvater, auf nach Rom zu der Kirchenversammlung und fand hier, daß der Papst Hadrianus, welcher zuerst dem Karl die Stäbe und Ringe zur Vergabung der

Bisthümer geschenkt hat, schon seit drei Tagen das Concilium gefeiert hatte. Er erkundigte sich genau nach allem der Reihe nach wie es verhandelt war, und wie er denn ein Mann von klugem Rathe und vorsichtiger Weisheit war, ruhigen Geistes, mit mildem Antlitz, freundlich in Wort und Lehre, und über die Maßen gütig, wie es seiner Würdigkeit zukam, so gab er seine Zustimmung zu allem was ihm lobenswerth erschien; zuletzt aber entriß er ihnen fast mit Gewalt Auskunft darüber, was sie denn über die Ambrosianische Weise beschlossen hätten.

(Wir übergehen die Klagen des Eugenius und wie er dann den Papst veranlaßt, die schon abgereisten Bischöfe nochmals zur Versammlung zurückzurufen. Hier wird nun durch ein Wunder bezeugt, daß die Ambrosianische Weise der Gregorianischen gleich zu achten sei, und der Mailänder Kirche deshalb gestattet sich derselben nach wie vor zu bedienen.)

12. Darauf zog Eugenius voll Freude und Jubel zu den Mailändern, wie wenn sie seine eigenen Kinder wären. Hier hatte vor wenigen Tagen der Kaiser nach dem Beschlusse der römischen Kirchenversammlung, begierig die Ambrosianische Weise ganz von der Erde zu vertilgen, viele Geistliche höheren und niederen Ranges hingeschlachtet, und alle die Bücher, welche nach des heiligen Ambrosius Anleitung in Sprüchen des alten und neuen Bundes und künstlicher Musik verfaßt waren, gänzlich vernichtet. Nichts war übrig geblieben als ein Meßbuch, mit welchem ein guter und treuer Priester sich in den Höhlen der Berge verborgen gehalten und es sechs Wochen lang getreulich aufbewahrt hatte. Das Handbuch aber haben nachher vor dem Bischof Eugenius die Weisesten unter den Priestern und Laien, welche vieles im Gedächtniß behalten hatten, in gemeinschaftlicher Bemühung von neuem verfaßt und mit Gottes Hülfe so vollständig, wie es früher gewesen war, ihren Nachkommen überantwortet.

Register.

A.

Aachen, Aquaegrani 18. 36—42. 56. 64. 73. 84.
Aaron, Harun 57—60. 99.
Achiver 57.
Adalbert, Werinberts Vater 46.
Adriatisches Meer 98.
Aeduer 14. 92.
Affen 57.
Afrika 36. 58. 70.
Aggarener 99.
Alamannen 14. 99.
Albinus, Alcuin 4. 5. 12. 13.
Alemannien 91. 92.
Alexander 73.
Alexandrien 99.
Alpen 14. 52. 69. 74; italische 48.
Ambrosianischer Ritus 109. 110.
Ambrosius, h. 61. 106. 108. 109.
Andreas, h. 100.
Angeln 4.
Ankona 98.
Anshelm 83.
Antiphonar 15.
Antiphonen 53. 54.
Antonius, h. 40.
Apulien 98.
Aquilegia 98.
Aquitanier 14. 92. 99; Equitanien 46.
Araris 60.
Ariminum 98.
Armenier 57.
Arnold, Kaiser 71. 72. Arnulf 94.
Athener 5.
Atto 84.
Auerochsen (uri) 56.
Augustinus 13. 81; Abtei bei Pavia 13.
Avaren 69. 99.
Azo, Hilduins Sohn 107.

B.

Bajoaren 14. 99.
Barbaren 17. 59. 64. 68. 91. 92. 95.
Bardo (Bruno) von Sachsen 95.
Beda 5. 74.
Belgica 92.
Bemanen 69.
Benedict von St. Andrea 96—100.

Bernhard, Bastard Karls III 68.
Bennolin 72.
Bobium 12.
Breno, Herzog der Gallier 106.
Britannen 3.
Britannische Schiffe 71.
Bulgaren 36. 48.
Burgund 54. 91.

C.

Calabrien 99.
Campanien 54.
Cantarei (cantaria) 15.
Centumcellä 93.
Chlothar II 91.
Cisalpiner 42.
Clemens, Schotte 4. 5.
Colmar (de genicio Columbrensi) 49.
Columban, h. 12. 46.
Constanz 47.

D.

Darius 75.
Desiderius, König 75—77. 108. 109.
Desiderius, B. v. Vienne 46.
Dungal 4.

E.

Eisenrüstung 76. 77.
Eishere 68. 69.
Elamiter 57.
Elephant 57.
Emilia 54.
Equitanien 46. s. Aquitanier.
Erchanbert 89—91.
Eugenia 98.
Eugenius, B. 109. 110.
Europa 21. 39. 55. 58. 91. 94.

F.

Forum Julii 78.
Francien, Frankenreich 14. 15. 44. 46. 54. 55. 68. 70. 72. 90. 92. 100; altes 30. 62; neues 26; östliches 64. 93. 94.
Franconofurt, 63. 93.
Franken 3—6. 14. 35. 44—46. 48. 49. 51. 59. 65. 67—69. 74. 78. 95. 99. 100. 105; alte u. östliche 91; fränk. Kleidung 44. 82.
Friesen (Fresones) 45.
Friesische Tuche 58. 84.
Furiola 78. 93.

G.

Gallien, Gallier 3—5. 12. 14. 45. 46. 54. 69. 93. 94. 98. 106: Lugdunensisches 91. 92; Narbonensisches 70. 92.
Gallus, h. 46. 69.
Garganus 98.
Genua 108.
Germanien 46. 60. 62. 65. 81. 91—93. 98. 105.
Glockenguß 37. 38.
Gobefrid, Dänenkönig 70.
Gotfried v. Lothringen 102.
Gothen 47.
Gothien 92.
Graecinger 57.
Gregor I 5. 109.
Griechen, Griechenland 14. 35. 36. 50—54. 99. 100.
Griechische Sprache 53.
Grimald, Abt von St. Gallen 12.

H.

Hadrian I 108—110.
Haiftolf, Langobardenkönig 90.
Hartmut, Abt von St. Gallen 62.
Heiliges Land 59. 99.
Heitto, Bischof von Basel 51—53.
Hemma, Gem. Ludwig d. D. 60. 92.
Hibernien 3.
Hieronymus 13.
Hilberich, letzter Merovinger 13. 90.
Hildigard, Königin 7. 17. 21. 53. 56.
Hilduin v. Mailand 105. 107.
Himiltrud 65.
Hispanier 14. 46. 92.
Hispanische Pferde u. Maulthiere 58.
Hludowich, Ludowich (der Fromme 74) 53. 60. 61. 65. 74. 81—85. 91—93.
Hludowich II, Kaiser 92. 93.
Hludowich (der Deutsche) 45. 60—65. 72. 74. (genannt der Erlauchte, illustris) 80. 81. 91—94.
Hludowich III (der Jüngere) 92—95.
Hludowich, dessen Sohn 95.
Hludowich II, König v. Frankreich 94.
Hludowich III 94.
Honoratus, Erzb. v. Mailand 104. 108.
Hug, Ludwig III Bastard 94. 95.
Hugo, Herzog 51.
Hunde 58. 59.
Hunen 21. 36. 46—48. 64. 69.

J.

Jberischer Purpur 58.
Jerusalem 99.
Jnder 57.
Jndien 99.
Johann VIII 93. 94.
Jonisches Meer 57.
Jsambard 56. 57.
Italien, Italier 4. 12. 31. 48. 54. 76. 91—94. 100. 104.
Judaea 19.
Juden 19. 20. Jüd. Schiffe 70.
Judith, Kaiserin 92.
Julian, Kaiser 46.
Julius Caesar 75.

K.

Kämmerer (cubicularii) 52. 74. 79.
Kapelle 6. 15; erbaut 77.
Karl der Große 3—25. 31—61. 64—71. 74—81. 90. 91. 94. 98—103. 108—110; genannt der Hammer, Martellus 71.
Karl, sein Sohn 53.
Karl II, der Kahle 91—94.
Karl III 21. 22. 45. 56. 62. 71. 92—95.
Karl, Erzb. v. Mainz 93.
Karlmann, Karl d. Gr. Bruder 19.
Karlmann, König, Ludwig b. D. Sohn 71. 92—95.
Karlmann, K. v. Frankreich 94.
Karolafter 63. 72.
Kerold, Gerold 46. 48.
Koenig, alte Anrede 7.
Konstantinopel 34. 49. 52. 72. 100.
Korsika 98.

L.

Lambert, Kaiser 104—108.
Landulf von Mailand 103—110.
Langobarden, Longobarden 72. 74. 75. 90. 99. 108.
Lateinisch 15. 54. 61. 84. 109.
Leo III, Papst 14. 15. 34—36. 91. 98.
Leo, Kaiser 100.
Libyen 58.
Ligurien 54.
Litaneien 63.
Liutfrid 40. 41.
Liutkart, Gem. Ludw. III 95.
Liutpert, Erzb. v. Mainz 93.
Löwen 58. 59. 72. 73.
Loresham, Lorsch 93.
Lothar I 91. 92.
Lothar II 92. 93.
Ludowich s. Hludowich.
Ludowiculus 63. 72.

M.

Macedonier 57.
Mainz 21; Brücke 39.
Marcward, Bischof von Hildesheim 95.
Marmarischer Löwe 58.
Marschall (comes stabuli) 52.
Martin, h. 10. 63. 78.
Massilis 15.
Mauren 64.
Maximian 106.
Meder 57.
Mediolanum, Mailand 93. 103—110.
Metten (matutinae laudes) 53.
Mettensischer Kirchengesang 15.
Mettis, Metz 14. 15.
Michael, Kaiser 34. 100.
Mittelländisches Meer 98.
Moselgau 70.
Moselland 91.

N.

Nazariuskirche, Lorsch 93.
Neapel 98.
Nerva 106.
Nikiforus, Kaiser 100.
Nordischer Stahl 59.
Nordmannen 64. 68—71. 80—82. 98.
Nordostmänner 71.
Noricum 46. 62. 64. 91—93. 95.
Normandie 105.
Numidischer Bär 58.

O.

Ocean 98.
Orgel 54.
Othmar 56.
Otker 75—77.

P.

Padus, Po 76. 93.
Pancratius 35.
Pannonien 46. 48. 62. 99.
Papia, Pavia 78; s. Ticinum.
Paris (Parisius) 14.
Parma 107.
Parther 57. 60.
Parthien 60.
Perser 46. 54—59. 99.
Petrus, h. 35.
Petrus Damiani 101.
Petrus, Sänger 15.
Pfalzgraf (comes palatii) 52.
Pippin, Hausmeier 74.

Pippin, Pipin I, der König 72—74. 89—91.
Pippin, Sohn Karls d. Gr. 53. 64.
Pippin der Bucklige 65—68.
Pippin II von Aquitanien 92. 93.
Pisa 98.
Polyphemus 41.
Porticus (curticulae) 84.
Provinz, Provence 92.
Prüm 68.

R.

Rautinis 15.
Ravenna 93. 98.
Recho, B. v. Straßburg 25. 26.
Reganesburg 63. 65 (Regina); St. Hemmeram 63. Peterskirche 65. Stadtmauern 63.
Reiterkünste 32.
Rhaetien 46. 62. 91; größeres u. Curisches 92.
Rhein 23. 48. 60.
Rhoban 60.
Richarta, Richkart, Kaiserin 94. 95.
Richolf, Erzb. v. Mainz 19—25.
Rinderpest 70.
Roemer 3. 5. 14. 33. 72. 100.
Roemischer Kirchengesang 13—15. 109.
Rom 14. 15. 34. 35. 54. 72. 74. 90. 94. 98. 104. 109.

S.

Sachsen 46. 48. 49. 59. 62. 64. 91. 92. 99. 102. 105.
Sanct Gallen 15. 37. 44. 62. 66. 67. 85.
Sanct Hemmeram, Regensburg 63.
Sanct Martin, Tours 5.
Sardinien 98.
Schotten 3.
Schrat 30.
Schwert als Maaß 64. 65.
Schwerter geprüft 80. 81.
Sclaven, Slaven 36. 46. 65.
Senonische Gallier 104.
Sigoltsheimer 29.
Spielleute (scurrae) 84.
Stab Karls 21.
Stäbe und Ringe 108. 110.
Stephan II 13. 14. 90.
Stracholf, Glaser 85.
Straßburg 25.
Suevien 93.
Syrapti, Soracte 100.

T.

Tanko, Mönch 37.
Taufkleider 82.
Teufel 28. 31. 32. 73.
Teutonisch 15.
Theoderich, B. v. Minden 95.
Thüringer 62.
Thurfluß 69.
Thurgau 68.
Ticin, Tessin 76.
Ticinum, Pavia 4. 75—78. Papia 78. 109.
Tigris 60.
Trajan 106.
Traversus 98. 99.
Tribunen 83.
Trier 14.
Truchseß (magister mensae regiae) 52.
Truogo, Drogo, B. v. Metz 14.

Turonische Stadt, Tours 5. 14.
Tuscien 54.
Thyrischer Purpur 58. 79.

U.

Udalrich, Bruder der Kön. Hildigard 17.

V.

Venetien 78. 98.
Biennensische Provinzen 92.
Virgil 32. 41. 56. 68. 85.
Vogelfelle 79.

W.

Wandalen 47.
Warin 56.
Wasconien 92. 99.
Wenden (Winides) 69.
Werinbert 45. 46.
Wibukind 102.
Wilzen 69.
Wisend (bissontes) 56.

Z.

Zürich (castrum Turicum) 47.